中国自由贸易试验区协同创新中心

自贸区研究系列

余典范 等著

全球产业链供应链
调整趋势对上海的影响
及应对研究

格致出版社　上海人民出版社

前　言

在以美国为首的部分国家对中国重点产业链进行围追堵截、为关键技术设置"小院子、高围栏"的背景下,中国的产业链供应链安全已经上升到了国家利益和国家安全的高度。本书认为,产业链供应链韧性和安全水平主要指其受到外部冲击后能恢复原样甚至达到更理想状态,在极端情况下能够有效运转,在关键时刻能够反制封锁打压,并能够在价值链中获利的能力。本书基于节点安全、链接安全和地位安全的评估框架,从产业链对外依赖、产业的基础支撑、产业核心技术、关键环节、网络的治理能力和价值获取能力等方面对上海产业链的现状进行评估,厘清风险点,提出相应的对策建议。

本书发现,上海进出口规模整体呈上升趋势,进出口依存度逐步下降,内外循环形成新的发展格局;出口存在近岸化和多元化趋势,但重要机电等产品对美国和日本等国出口依赖度仍较高。上海参与全球价值链的程度高于全国平均水平且融入程度越来越深,但更多使用国外中间品生产出口的最终产品。由于上海中间品投入的高对外依赖度,其生产风险在全国居于高位,为全国平均水平的 3.5—5.5 倍,尤其是集成电路产业、人工智能产业的生产风险处于高位。上海 GDP 中的内循环贡献率低于全国平均水平,外循环贡献率约为全国平均水平的 2 倍。上海重点产业的安全风险多出现于各重点产业的产业链偏上游环节;关键核心专利对外依赖度依然较高;重点企业整体上通过增加现金持有和存货应对供应链风险,在供应链上呈现依赖国外以及大供应商的趋势。

为形成提升上海产业链供应链韧性的基础性和长期性支撑,本书提出应打好以下五张牌:一是市场双向拓展牌,增强对全球产业链供应链的渗透力和引领力;

二是规则引领牌,提升产业链供应链的联通性与根植性;三是制度创新牌,强化体制与制度保障;四是政策集成牌,强化产业链的政策支持;五是重点产业发展牌,靶向扶持重点产业补链强链。

本书的撰写由上海财经大学余典范教授牵头负责,团队成员包括王超、张艺璇、张家才、李鑫、龙睿、杨佳琪、满犇、宋晴、张宇、贾咏琪、夏龙龙、韩梓仡等。

余典范写于上海财经大学

目　录

第1章
供应链韧性和安全水平的定义、内涵与现实背景

1.1 供应链的定义与重要性

供应链是指由供应商、制造商、分销和零售商以及最终消费者组成的链式结构（李维安等，2016）。供应链中的每个企业均是独立的市场经济主体，通过松散、开放的产品交易发生联系。供应链一词最早来自哈佛大学商学院教授迈克尔·波特《竞争优势》一书，该书提出的价值链概念是供应链概念的前身。早期的研究认为，供应链是企业内部的管理过程，包含原材料采购、生产加工以及最终销售。随后，学者们将外部环境引入供应链，认为供应链是不同企业制造、组装和销售的过程，在这一层面上供应链超越单个企业，强调供应链中协作的重要性。

供应链作为企业竞争优势的核心来源（Bernard et al.，2019；Koufteros et al.，2012），不仅是维持生产环节稳定和高效运转的重要保障（George et al.，2021），更构成了产业链高质量发展的微观基础（中国社会科学院工业经济研究所课题组，2022）。无论是政策制定者还是企业，近年来都高度重视供应链问题。党的二十届三中全会强调，要"健全提升产业链供应链韧性和安全水平制度。抓紧打造自主可控的产业链供应链，健全强化集成电路、工业母机、医疗装备、仪器仪表、基础软件、工业软件、先进材料等重点产业链发展体制机制，全链条推进技术攻关、成果应用。

建立产业链供应链安全风险评估和应对机制"。①2023 年 11 月 28 日，全球首个以供应链为主题的国家级展会中国国际供应链促进博览会在北京召开，国务院总理李强出席并发表演讲。在美国《通胀削减法案》(Inflaction Reduction Act，IRA)、《2022 芯片与科学法案》(CHIDS and Science Act of 2022)，以及美国和欧洲供应链调查报告中也多次提到了供应链问题。

　　供应链的分工提高了企业的生产效率，但也带来了安全性问题。自 2017 年特朗普上任以来，全球政治、经济"黑天鹅"事件频出，企业赖以生存的外部环境愈加动荡，不确定性日益攀升。由于供应链的分散化和复杂化，相应的物流、资金链和信息流响应时间变长，自然灾害、贸易摩擦和地缘政治冲突等一系列负面事件使得供应链韧性和安全水平逐渐成为供应链管理的重要考量。

1.2　供应链韧性和安全水平的定义和内涵

1.2.1　供应链韧性和安全水平的定义

　　"韧性"的英文是"resilience"，最早来源于拉丁语"resilio"，本意是"回复到原始状态"，多译为"弹性、韧性和恢复力"，香港学者翻译为"压弹"。生态学家霍林(Holling)在 1973 年发表的论文《生态系统韧性和稳定性》(Resilience and Stability of Ecological Systems)中首次引入了韧性概念，随后韧性一词在经济学、管理学、心理学、哲学、物理学和医学等诸多学科中得到应用。在经济学研究中，韧性是一种能够应对不确定性的内生变量，即通过对环境变化进行适应性调整来维持经济稳定运行(石建勋、卢丹宁，2023)。在心理学研究中，韧性是指面对丧失、困难或者逆境时的有效应对和适应(于肖楠、张建新，2005)，是人类面对外在威胁时

① 《中共中央关于进一步全面深化改革　推进中国式现代化的决定》，中华人民共和国中央人民政府，https://www.gov.cn/zhengce/202407/content_6963770.htm。

的一种自我保护。韧性的过程模型认为,韧性是瓦解和重新整合之后达到的更高的平衡状态,与一般意义上的"复原"有区别。即韧性并不意味着会恢复到冲击前的状态,而是可能达到更高的状态。在地理科学的研究中,学者关注了城市韧性问题,认为恢复力与弹性反映平衡的观点,强调系统受打击后恢复到初始状态的能力;而韧性彰显了系统在经受灾害风险后变得更强大、更智慧、更具适应性,体现了对受干扰后恢复到平衡状态观点的扬弃。

供应链韧性,这一表述在中文文献中出现的时间较晚,主要集中在 2020 年后。石建勋和卢丹宁(2023)认为,供应链韧性是对内外冲击的应变能力,具体是指在遭遇国内与国际市场以及外部环境等冲击时,供应链能够保持链条稳定,防止断裂,在遭受冲击后可以迅速调整以适应并恢复运行状态,甚至可以将危机转化为链条升级的机遇。陶锋等(2023)提出,供应链韧性是供应链在遭受市场潜在风险和不确定性冲击后,其市场主体的关联关系能够调整恢复到正常状态甚至达到更理想状态的能力。综合以上观点,本书认为供应链韧性主要指其受到外部冲击后能恢复原样甚至达到更理想状态,在极端情况下能够有效运转,在关键时刻能够反制封锁打压,并能够在价值链中获利的能力(余典范,2023)。

供应链韧性与安全水平属于整体概念,二者高度统一,韧性是供应链安全得以保障的前提,而安全水平是供应链韧性的基础。供应链韧性和安全水平是"一体两面"的关系,供应链韧性强调断链后能够迅速恢复的能力;供应链安全水平强调在各种风险冲击下能够稳定运行的能力,旨在减小供应链断裂的概率(石建勋、卢丹宁,2023)。

1.2.2　供应链韧性和安全水平的内涵

供应链是由不同市场主体间形成的一种链式结构。供应链韧性和安全水平的内涵可以从节点和链接两个角度进行剖析。

首先,从节点安全来看,在供应链纵向市场关系中,拥有较大市场势力的一方很可能通过制造供应链波动或中断等风险事件,实施竞争威胁进而获得超额利润。

这些市场主体往往通过控制战略资源、关键部件和核心技术来获得和提升市场势力,而企业的这种市场势力很可能被所在国家或地区操纵成为维护国家安全、增进国家利益的重要手段。因此,当产业链供应链上纵向关联的各环节的市场结构更具竞争性时,滥用市场势力的可能性就会下降,该产业链供应链就会更具韧性。可见,企业通过建立适度多元化的供应商和客户关系,有利于降低产业链供应链波动带来的风险(陶锋等,2023)。

其次,从链接安全来看,供应链是产品链、资金链、创新链的集合,涉及原材料和产成品的流动、资金的周转以及研发要素,供应链韧性和安全水平也需要从这几方面进行评估。第一,供应链是产品链。原材料的采购、产品的销售都需要以与外部的链接形式完成,产品链的安全关系到产业链供应链的正常流转和畅通性。第二,供应链是资金链。节点企业与上下游的采购销售均伴随着资金的流动,并以资金的收回与支付作为交易的保障,供应链的资金运转情况体现了节点企业的价值增值能力。第三,创新链是供应链的关键基础变量。中央经济工作会议提出,要加快建设现代化产业体系。围绕制造业重点产业链,找准关键核心技术和零部件薄弱环节,集中优质资源合力攻关,保证产业体系自主可控和安全可靠,确保国民经济循环畅通。在加快形成新质生产力的过程中,要牢牢依靠科技创新和产业创新,加强科技创新和产业创新深度融合,促进科技自立自强和产业结构转型升级协调同步。科技创新是产业创新的决定性前提和关键性支撑。创新要素往往暗含在企业的交易中,产业核心技术、关键环节的自主可控能力体现了产业链供应链安全水平的高低。

产业链供应链中的节点与链接共同塑造了产业所处的地位。产业在产业链供应链中的控制力、影响力、价值增值能力、获取能力、技术反制能力和原始创新能力均是产业链供应链韧性和安全水平的重要方面,共同体现为地位安全。

本书将从节点安全、链接安全、地位安全三个维度评估上海市产业链供应链韧性和安全水平,如图1.1所示。节点安全涵盖了节点风险预警、节点创新能力和节点抗风险能力等评估内容。一是基于机器学习的大语言模型克服了以往单一指标的不足,从上市公司披露的年报文本信息中识别供应链风险信息,进行节点风险预警。二是利用企业基础研究的投入数据,以及国家知识产权局专利申请明细数据等考察节点企业的专利主要技术领域、专利价值、专利质量和专利申请机构,关注节点创新能力。三是利用上市公司存货周转天数、现金持有、应收账款周转天数、营业周期、供应链集中度、海外收入比例等考察节点抗风险能力。

链接安全包括创新链安全、资金链安全和产品链安全三个部分。首先,基于美国国家知识产权局 USPTO 数据、国家知识产权局数据分析上海的产业研发合作、技术引进以及"长臂管辖"等创新链安全情况。其次,基于上市公司现金持有、应收账款、融资约束等情况考察资金链安全。最后,利用中国海关进出口数据,考察上海的重点产业(集成电路、生物医药、人工智能、电子信息、新能源汽车、高端装备、先进材料、航空航天)关键零部件、原材料的进出口集中度与可替代性,评估可能

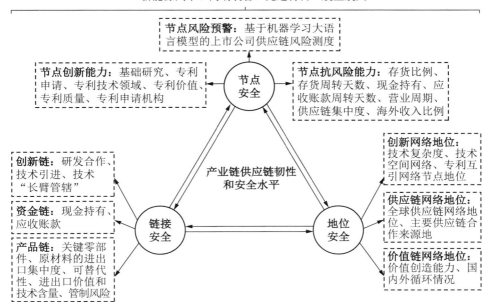

图 1.1　产业链供应链韧性和安全水平的评估框架

资料来源:作者自行绘制。

面临的管制风险。

地位安全包括创新网络地位、供应链网络地位和价值链网络地位。一是借鉴伊达尔戈等（Hidalgo et al.，2007）的研究，利用反射法计算不同技术类别和上海各区的技术复杂性；基于上海的全部发明专利和实用新型专利，利用共现分析法确定不同 IPC 三位码的技术关联度并构建技术空间网络。二是利用上市公司五大供应商和客户数据、FactSet 全球供应链数据测度上海重点企业的供应链网络地位。三是利用中国各省份区域间投入产出表和国家间投入产出表考察上海的价值链网络地位，特别是重点产业的价值创造能力、国内外循环情况。

1.3　上海产业链供应链发展的现实背景

全球产业发展形成了全球产业链的水平分工结构，但是这种水平分工导致产业链环节过多、运输距离过长，也会造成物流成本高、运输时间长，这增加了全球产业链断裂的风险。尤其当发生中美贸易摩擦等全球性突发事件时，产业链平衡被打破，会给制造业带来灾难性的冲击。

1.3.1　全球出口管制加剧，断链风险极高

美国在出口管制领域已经形成一套由多机构协同办公的全面管制体系——《商业部管制清单》（CCL，简称"管制清单"）。管制清单对"一般禁止"出口的对象设有负面清单，列入负面清单需要申请出口许可证管理且难度极大。美国商务部和安全局（BIS）制定的负面清单主要包括以下四类："拒绝贸易者清单"（Denied Persons List，DPL）、"未经验证清单"（Unverified List，UVL）、"实体清单"（Entity List，EL）、"军事最终用户清单"（Military End Users List，MEL）。近年来，美国对中国的出口管制进一步加码。尤其以《2022 芯片与科学法案》和《通胀

削减法案》为代表,美国出台了各类贸易歧视性措施,禁止受益企业在华开展任何重大交易,导致全球供应链"脱钩断链"风险大幅增长。其他发达国家的出口管制体系还包括瓦森纳安排(Wassenaar Arrangement,WA)。

　　结合管制清单的内容来看,出口管制的限制集中在新一代信息技术、高端装备、航空航天、海洋工程、先进材料等产业(共 100 多项)。在新一代信息技术产业中,主要包括集成电路、微波、毫米波元器件、半导体制造装备、通信系统及装备等;在高端装备产业中,主要涉及先进制造加工车床、智能制造机器人、先进制造加工装置等精密仪器等;在航空航天产业中涵盖导航设备、航天火箭、发动机等。另外,瓦森纳安排在 2023 年新增对于第四代半导体制造设备的管制,此举被认为是"精确打击"中国半导体。综上来看,上海面临出口管制领域断链风险极高。

1.3.2　产业链发展核心技术受到打压

1. 产业发展"卡脖子"问题更加突出

　　中美博弈的升级导致上海面临技术管制壁垒加码、"技术民族主义"抬头,以及发达国家产业链关键核心环节回迁等挑战。尤其是新兴领域,如 5G、人工智能、机器人、电动汽车、工业互联网等核心产业链的"逆全球化"趋势加剧,给中国和上海正在推进的新基建带来更大的挑战。一方面,因为这些产业的终端消费市场容易在欧美等国家或地区内部实现;另一方面,这些产业实际上还未迈过全球产业链生产模式的拐点,在全球政治经济不确定性增强的情况下,各国都不会再倾向全球产业链生产,只会加以收缩。在此类新兴产业链的核心芯片、连接器、软件与算法等环节,中国目前还严重依赖于美国、欧洲、日本等发达国家或地区。

　　根据 2023 年上海市进口产品数据细分情况,按照集中度 CR1＞30% 的标准,找到了上海的 35 项"卡脖子"产品。如表 1.1 所示,在这 35 项"卡脖子"产品中,CR1 占比较高的 5 项产品分别为光刻胶、航空器发射装置、生物制品提取物、高强度不锈钢和信号玻璃器,分属不同产业。

表 1.1 上海 CR1 排名前五的"卡脖子"产品

HS 编码	3707	8805	3001	7218	7014
产品简称	光刻胶	航空器发射装置	生物制品提取物	高强度不锈钢	信号玻璃器
CR1	79.54%	77.52%	77.27%	74.41%	69.65%

资料来源:根据中国海关数据整理。

由此可见,上海的"卡脖子"产品主要分布集中于高技术产品。其中,光刻胶作为最"卡脖子"(CR1 值最大)的产品,第一大来源地是日本,进口规模占 79.54%,几乎形成垄断,这对上海的影响较大;CR1 排在第二位的是航空器发射装置,第一大来源地是加拿大,进口规模占 77.52%;CR1 排在第三位的是生物制品提取物,第一大来源地是美国,进口占比为 77.27%;CR1 排在第四位的是高强度不锈钢,第一大来源地是瑞典,进口占比 74.41%;CR1 排在第五位的是信号玻璃器,第一大来源地是德国,进口占比 69.65%。可见,上海对外依赖度较高的产品主要集中于高技术产品,并且来源国(地区)分布比较集中。

表 1.2 显示了 2023 年上海"卡脖子"产品的进口分布情况。"卡脖子"产品的进口来源国(地区)前三位所占比例较高,分布相对集中。图 1.2 中是按 CR1 排名的"卡脖子"产品的进口来源国(地区)分布,可以发现,上海对日本、德国和美国的进口依赖程度相对较高。面对美国等国家(地区)的出口管制,上海"卡脖子"产品进口受阻将会更趋严峻。

2. 产业国际竞争力劣势扩大

以美国为首的技术先进国家使用技术管制措施在关键、核心环节对中国实施"断链"极限打击。中国现在面临的比较严峻的问题是,美国与日本、韩国、中国台湾以及欧洲很多高科技企业都有交叉性技术授权,因此可以使用"长臂管辖",迫使部分采用美国技术的公司也加入对中国的技术限制、断供的行列。通过对美国管制清单和瓦森纳安排这两个主要管制目录进行整理,发现技术管制主要集中在新一代信息技术、高端装备、先进材料等领域的核心零部件和关键技术。长期而言,如果无法在这些领域找到国际替代,而国产替代又无法及时填补的话,在新一轮

表 1.2　2023 年上海"卡脖子"产品的进口分布情况

HS 编码	国家或地区	进口占比	HS 编码	国家或地区	进口占比	HS 编码	国家或地区	进口占比
3001	美国	77.27%	3707	日本	79.54%	3801	日本	37.30%
	德国	9.10%		中国台湾	7.80%		瑞士	24.11%
	英国	5.54%		韩国	5.62%		德国	14.00%
3818	日本	37.81%	3920	日本	40.64%	4013	塞尔维亚	48.38%
	德国	15.33%		美国	17.70%		泰国	27.27%
	中国台湾	13.48%		韩国	11.68%		巴西	6.29%
7014	德国	69.65%	7218	瑞典	74.41%	7228	日本	52.80%
	美国	13.22%		德国	8.47%		德国	23.67%
	日本	8.27%		奥地利	8.43%		奥地利	10.35%
8411	美国	51.39%	8413	德国	33.54%	8456	日本	54.96%
	法国	16.77%		美国	20.11%		德国	22.62%
	德国	9.87%		日本	12.76%		美国	6.91%
8479	日本	44.41%	8506	印度尼西亚	42.43%	8507	波兰	34.00%
	德国	18.76%		日本	30.00%		日本	30.70%
	美国	10.11%		新加坡	10.14%		美国	6.32%
8515	德国	41.09%	8517	越南	34.02%	8532	日本	48.82%
	日本	15.68%		中国台湾	13.26%		马来西亚	10.01%
	奥地利	9.90%		韩国	12.18%		韩国	6.22%
8542	中国台湾	36.43%	8545	日本	49.68%	8608	德国	52.54%
	韩国	16.95%		德国	26.50%		马来西亚	27.95%
	日本	14.02%		美国	8.73%		意大利	17.50%
8802	美国	41.24%	8805	加拿大	77.52%	9001	日本	47.37%
	法国	34.64%		法国	17.03%		中国台湾	10.25%
	德国	24.12%		美国	3.93%		美国	9.58%
9002	日本	40.39%	9022	德国	41.30%	9402	德国	46.08%
	中国台湾	12.71%		美国	22.14%		美国	12.95%
	德国	11.82%		日本	10.11%		英国	8.53%

资料来源:根据中国海关数据整理。

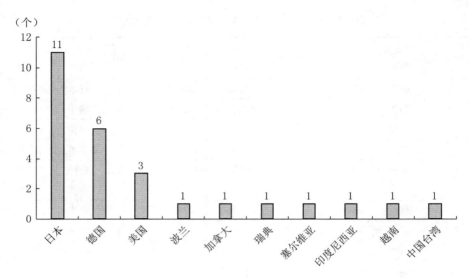

图 1.2　上海市按 CR1 排名的"卡脖子"产品的进口来源地分布

资料来源:根据中国海关数据整理。

技术竞争、产业竞争中中国或将陷入窘境。

　　由图 1.3 可知,自 2018 年中美贸易摩擦以来,上海高新技术产品和机电产品的国际竞争力[①]都降为负值,且呈持续下降趋势,表明上海高新技术产品和机电产品的国际竞争力处于劣势地位。2020 年叠加新冠疫情的影响,两类产品的国际竞争力劣势进一步扩大。此后,机电产品较早克服了中美贸易摩擦等负面影响,国际竞争力逐步提升,而高新技术产品的国际竞争力持续走低。

　　从更加细分的产品来看,上海集成电路、生物医药和人工智能三大先导产业的产品竞争力在国际上几乎都处于劣势(见表 1.3)。总体来说,上海技术密集型、产品附加价值高的行业还是缺乏国际竞争力。随着中美贸易摩擦持续升级,上海集成电路产业和生物医药产业的国际竞争力进一步下降(负值更小),人工智能产

---

① 本书的国际竞争力用 TC 指数来表征,即国际竞争力=(出口-进口)/(出口+进口)。指数大于零,表明该类商品具有较强的国际竞争力;指数小于零,则表明该类商品不具有国际竞争力。

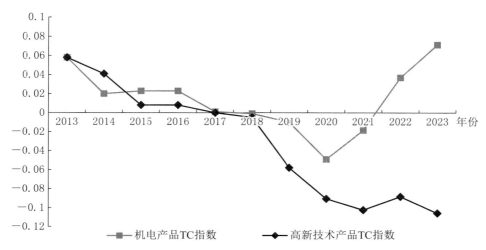

图 1.3 上海高新技术产品和机电产品的国际竞争力(2013—2023 年)

资料来源:上海市统计局。

业的国际竞争力略有提升,说明中美科技脱钩导致上海在集成电路、生物医药等欧美优势产业领域的国际竞争力劣势扩大,但在较为新兴的人工智能产业领域仍然有一定的竞争潜力。

3. 对外技术依存度高的产业发展面临自主突破的困难

中国提出进入创新型国家行列,其中一个重要的指标就是实现对外技术依存度①降至 30% 以下。从图 1.4 可以看出,上海不同产业的对外技术依存度存在显著性差异。其中,汽车制造业对国外的技术依存度较高;电子及通信设备制造业和医药制造业的对外技术依存度一直维持在较低水平,并在近年来有下降趋势。虽然上海产业的自主研发强度正在不断提高,但与世界先进地区相比,上海在绝对量上还存在一定的差距,而且受到出口管制等因素影响,对外技术依存度高的产业发展将"雪上加霜"。因此,上海需要继续减少对国外高技术引进的依赖,进一步提升自主研发强度,增强自给率,掌握一批具有国际领先水平和自主知识产权的产业核心技术。

———————

① 本书中对外技术依存度=技术引进经费/R&D 经费内部支出。

表 1.3　上海细分产品的国际竞争力

产品名称	2022 年	2023 年
集成电路产业	−0.635 5	−0.636 5
抛光液	−0.763 8	−0.782 9
光刻胶	−0.962 4	−0.969 1
单晶硅片	−0.309 2	−0.253 9
抛光垫	−0.260 5	−0.198 2
IC 制造设备	−0.780 7	−0.810 8
掩模版	−0.636 1	−0.547 4
IC 封测设备	−0.486 4	−0.406 1
生物医药产业	−0.800 5	−0.804 3
医用浸膏	0.284 8	0.504 2
生物制品提取物	0.801 3	0.907 3
血制品、疫苗	−0.867 1	−0.978 4
未配定药物	−0.702 8	−0.695 5
配定药物	−0.922 1	−0.917 1
纱布敷料	0.271 8	0.220 1
医疗器械	−0.718 8	−0.720 1
医疗家具	0.324 6	0.307 8
人工智能产业	−0.334 4	−0.224 2
AI 芯片	−0.483 4	−0.398 4
温度传感器	−0.310 2	−0.193 8
压力传感器	−0.951 7	−0.782 0
智能机器人	−0.338 4	−0.358 0
无人机	−0.418 7	−0.380 4

资料来源：根据中国海关数据整理。

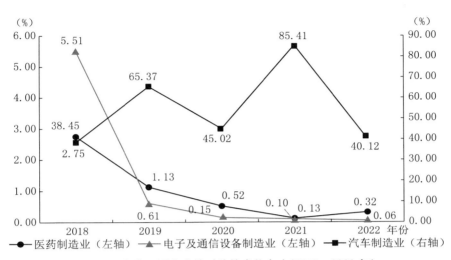

图 1.4　上海不同产业的对外技术依存度(2018—2022 年)

资料来源:历年《上海统计年鉴》。

从图 1.5 可以看到,上海历年国际领先的科技成果存在波动上升而后下降的趋势,2022 年国际领先的科技成果仅有 20 项,比 2009 年少了 240 项。2006 年国

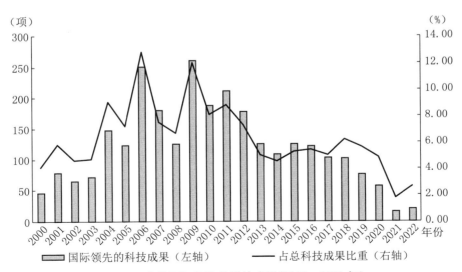

图 1.5　上海国际领先的科技成果(2000—2022 年)

资料来源:历年《上海统计年鉴》。

际领先的科技成果项占比是近十几年中最高的,但也仅有 12.80%,国际领先科技成果依然较低。从 2016 年开始,上海 PCT 国际专利申请受理量的增长率呈现下降趋势(见图 1.6),在 2021 年略有回升,此后继续下降,整体体现出上海产业国际竞争力不足的态势。

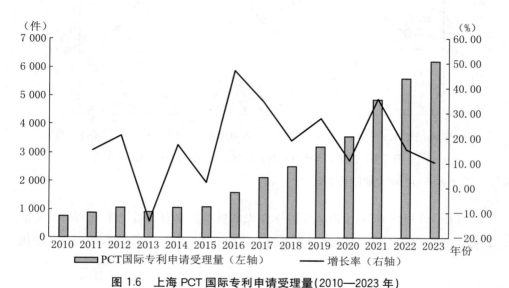

图 1.6　上海 PCT 国际专利申请受理量(2010—2023 年)

资料来源:历年《上海统计年鉴》、历年《上海市国民经济和社会发展统计公报》。

第2章
上海产业发展的贸易安全分析：基于进出口视角

对外贸易作为国内国际双循环的枢纽，是产业链供应链发展的重要环节。本章首先对上海对外贸易的规模和结构进行整体分析，然后关注"3＋6"新兴产业体系中集成电路、生物医药、人工智能、电子信息、新能源汽车、高端装备、先进材料以及航空航天等重点产业的进出口情况，从外贸角度对上海的产业链供应链韧性和安全水平进行评估。

对上海整体进出口贸易数据分析发现，上海进出口规模整体呈上升趋势，进出口依存度逐步下降，内外循环形成新的发展格局。国家统计局数据显示，2000—2023年，上海出口值由253.52亿美元扩大到2 471.20亿美元，进口值由293.56亿美元扩大到3 519.10亿美元。从进出口占GDP的比例来看，上海进口依存度从最高值2004年的96.13％下降到2023年的52.52％，出口依存度从最高值2006年的85.40％下降到36.88％。一方面，表明上海的内外循环处于一种新的平衡态势；另一方面，也表明在新发展格局下，上海需要更加重视内外循环的衔接，继续打响上海开放的金字招牌。

对出口目的地和产品结构分析发现，出口存在近岸化和多元化趋势，但重要机电等产品对美国、日本等国（地区）出口依赖仍较高。亚洲始终是上海主要的出口目的地，受中美贸易摩擦影响，上海对美出口比率下降时，亚洲的出口占比存在明显的上升趋势，即出口存在向近岸转移的趋势。中国海关统计数据显示，2023年出口份额占总出口额的46.79％，其中中国香港、中国台湾、韩国等地均逐渐成为上海的重要出口目的地，占比分别是8.63％、4.61％、4.45％。对欧洲的出口份额在近年来稳步上升至 23.76%,这与汽车产业的主要出口目的地从美国、日本转移至欧洲的德国、比利时、英国等地密切相关。从出口集中度来看,上海对前十大出口地以外国家(地区)的出口比例从 32.62% 上升至 41.19%,集中度有所下降,出口存在多元化趋势。与此同时,美国和日本仍占据 24.21% 的出口额,重要机电产品仍存在较高的出口依赖。

对进口来源地和产品结构分析发现,高技术产品长期依赖发达国家,粮食、铁矿石等产品进口来源单一。中国海关统计数据显示,日本、美国和德国的进口份额虽有所下降,但仍是上海的前三大进口来源地,2023 年总占比为 25.78%。亚洲作为上海主要的进口来源地,其占比于 2020 年后呈下降趋势。与此同时,可以观察到欧洲、美洲和大洋洲进口份额的提升。在航空航天、医疗药品和器具、半导体等领域,上海高技术产品存在进口依赖,欧洲发达国家如瑞士、法国、意大利的进口比例有所提升。大豆和铁矿石的主要进口来源地分别是巴西和澳大利亚,进口份额分别高达 73.73% 和 63.50%,对外依赖度与集中度都较高。

在对上海进出口贸易整体规模和结构分析的基础上,本章聚焦重点产业,以HS 编码层面的产品数据分析上海产业的贸易安全水平。

集成电路产业的出口目的地集中度较低,进口来源地集中度较高,主要集中在日本、美国等地。根据中国海关统计数据,2023 年出口份额第一的国家(地区)占据份额均未超过 30%,出口市场依赖度较低。而日本均占据进口份额的前三,且长期位于第一,尤其是在光刻胶、单晶硅片、IC 制造设备、掩模版等领域一直占据第一,对日本依赖度高,可替代性差。

生物医药产业进出口目的地较为集中,主要集中在美国、日本、德国、意大利等发达国家(地区),可替代性较差,但近年来有逐步分散的趋势。对日本和美国出口依赖度高,需要警惕日本和美国出口市场风险。根据中国海关统计数据,2023 年,上海对日本出口医用浸膏、生物制品提取物份额均超过 40%,对美国出口纱布敷料、医疗器械、医疗家具均超过 30%,但整体呈逐步下降趋势。上海从美国进口生物制品提取物、纱布敷料所占份额分别达到 76.80%、39.87%,从德国进口医疗家具份额达到 46.05%,从意大利进口未配定药物份额达到 99.13%。对美国、德国、意大利的进口依赖度大，需要警惕这些市场的进口风险。高端生物医药行业贸易依赖仍主要集中在发达国家和地区，但正在逐步摆脱对它们的依赖。

人工智能产业自主可控能力不断提升，主要产品出口市场集中度较低。2023年，AI芯片、温度传感器和无人机的第一大出口目的地占比均在三分之一左右，其中温度传感器前两大出口目的地出口份额分别为美国的31.82%和日本的8.33%。压力传感器、智能机器人出口目的地相对分散，对单一国家或地区依赖性弱。进口来源国占比基本保持稳定。2019年，温度传感器自德国进口比例反超美国，出现替代趋势，2023年德国和美国进口比例分别达到21.57%和18.30%。压力传感器、智能机器人、无人机自美国进口比例也呈下降趋势。但从近五年数据看，上海自中国台湾进口AI芯片比例不断提升，目前已经超过三分之一。

电子信息产业区域化特征明显。上海电子信息产业的进口来源地集中在越南、日本和中国台湾等国家和地区。根据中国海关统计数据，2023年上海从越南进口广播电视设备占比值为52.76%，通信设备自越南进口占比为34.02%，其次是韩国和中国台湾。家用电子电器、电子仪器设备第一大进口来源地均为日本，占比分别达到30.39%、44.41%，其次是德国和美国。

新能源汽车产品出口市场相对较多，前三出口国之间的占比差距较小，各市场间能够相互替代；相关零部件进口来源相对集中。根据中国海关统计数据，新能源汽车所需的汽车内胎、汽车电池进口来源地集中度较高，尤其是汽车内胎2023年前三大进口来源地合计占比超过80%。2022年，电池从印度尼西亚和日本进口占比分别达到43.20%、27.95%，前两位国家合计占比超过70%。从电机和充电桩来看，无论是2022年还是2023年，上海进口来源最多的都是日本，说明这几种零部件的进口对日本具有高依赖度。

高端装备产业出口目的地集中度低，进口来源地集中度相对较高，主要集中于发达经济体。根据中国海关统计数据，2023年上海虽然仍以美国或日本为第一大出口国，但出口占比均未超过30%，五大出口目的地中也存在巴西等替代市场。这一方面源于中美贸易摩擦后上海高端装备出口受阻，另一方面也源于上海降低对美国、日本等国出口依赖的积极尝试。相比之下，高端装备进口的替代市场少，断供风险更大。2023 年,上海自日本进口激光加工机床、自德国进口铁道固定装置的占比均超过 50%,上海高端装备产业对日本和欧洲部分国家(地区)的技术依赖度仍然偏高。

先进材料产业部分产品的出口目的地和进口来源地集中度都较高。根据中国海关统计数据,2023 年上海人造石墨、信号玻璃器和金属陶瓷对美国的出口占比均超过 30%,但部分产品的出口去向结构也出现了向亚洲发展中经济体转移的趋势,特别是与"一带一路"沿线国家的贸易往来成为新的增长点。2018 年起,阿联酋成为了上海金属陶瓷产品的前五大出口目的地之一,2023 年成为上海第二大出口国,占比达 21.34%。在进口方面,上海先进材料进口高度依赖日本,2023 年上海从日本进口人造石墨、电池碳棒和光导纤维的比例均超过 30%。

航空航天产业高端产品出口目的地集中度极高、出口去向较少,低端产品出口目的地集中度相对较低,但进口来源地集中度普遍维持在极高水平,可替代性弱。根据中国海关统计数据,2023 年上海航空器航天器及运载工具、降落伞及其零件、航空器的发射装置的前五大出口目的地出口占比均接近 100%。受到中美贸易摩擦影响,部分产品出口呈现从发达经济体向发展中经济体转移的趋势。2018 年,美国仍然是上海航空器航天器及运载工具的第一大出口国,但从 2019 年起排名掉出前五,2023 年航空器航天器及运载工具的第一大出口国转变为越南,占比达 34.01%。在进口方面,2023 年上海仍然需要从美国进口 51.39% 的涡轮喷气发动机、45.14% 的航空器航天器零件、34.64% 的航空器航天器及运载工具,从捷克进口降落伞及其零件、从加拿大进口航空器的发射装置的占比均超过了 75%,说明上海航空航天产业对美国、加拿大和捷克等发达国家(地区)的技术依赖仍然较强。

2.1 上海整体产业进出口安全水平评估

2.1.1 上海进出口规模及依存度情况

作为中国对外开放的最大窗口和门户,上海依靠其高度集聚的产业链供应链、超大规模的内需市场以及对接国际的开放优势,产业生产与销售的国际化程度不断深化。2000—2023 年,上海外贸进出口、进口、出口总额保持增长势头。国家统计局数据显示,2000 年上海进出口总额为 547.08 亿美元,其中出口总额和进口总额分别为 253.52 亿美元和 293.56 亿美元。2023 年,上海进出口总额为 5 990.30 亿美元,其中出口总额和进口总额分别为 2 471.20 亿美元和 3 519.10 亿美元(见图 2.1、图 2.2)。

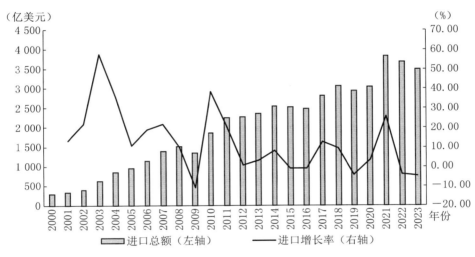

图 2.1　上海进口总额及增长率变化(2000—2023 年)

资料来源:国家统计局。

　　近年来,上海进口依存度与出口依存度呈逐步下降趋势。[①]如图 2.3 所示,2000—2004 年上海的进口依存度与出口依存度逐步上升,2006—2023 年上海的进口依存度与出口依存度呈现逐步下降的趋势。2023 年,上海的进口依存度为 52.52%,同比下降 5.95%;出口依存度为 36.88%,同比下降 4.46%。[②]一方面,表明

---

① 进口依存度采用进口额与地区生产总值的比值衡量,出口依存度采用出口额与地区生产总值的比值衡量。

② 国家统计局数据显示,2023 年上海出口总额和进口总额分别为 2 471.20 亿美元和 3 519.10 亿美元,地区生产总值为 47 218.7 亿元,本书按照 2023 年人民币兑美元汇率(7.046 7∶1)换算货币单位进行测算。

上海的内外循环处于一种新的平衡态势；另一方面，也表明在新发展格局下，上海需要更加重视内外循环的衔接，继续打响上海开放的金字招牌。

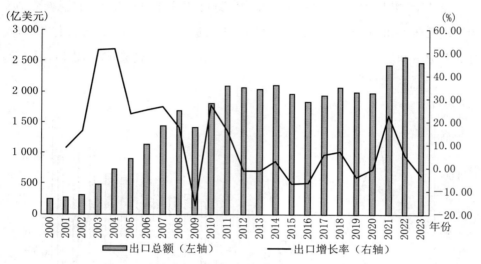

图 2.2　上海出口总额及增长率变化(2000—2023 年)

资料来源：上海市统计局。

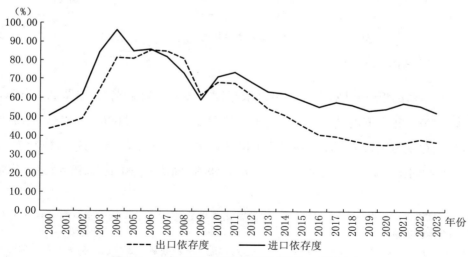

图 2.3　上海进出口依存度变化(2000—2023 年)

资料来源：上海市统计局。

2.1.2　上海进出口国别（地区）特征的变动情况

1. 出口存在近岸化和多元化趋势，但对美国、日本等国出口依赖度仍较高

图 2.4 为上海 2013—2023 年对各大洲出口的占比情况。可以看出，亚洲始终是上海主要的出口目的地，出口份额接近出口总额的一半。在 2017—2019 年对美洲出口占比下降时，对亚洲的出口占比存在明显的上升趋势，即出口存在向近岸转移的趋势。在面临贸易摩擦等外部冲击时，整体的出口结构具备一定的自我调节能力，能够在冲击来临时通过供应链的调整和转移予以应对。自 2019 年以来，上海出口至欧洲的占比存在明显上升，这与汽车产业向欧洲出口水平的大幅提升密切相关。

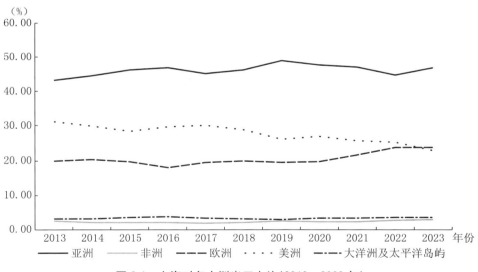

图 2.4　上海对各大洲出口占比(2013—2023 年)

资料来源：根据中国海关数据整理。

进一步考察出口目的国家或地区的特征变化。图 2.5 分别显示了 2013 年、2022 年以及 2023 年上海前十大出口目的地的分布及占比情况，其中美国、日本和中国香港均是上海最主要的出口目的地。受贸易摩擦等影响，上海对美国的出口

占比呈明显的下降趋势,而对日本和中国香港的出口占比在 2023 年均略有回升,且中国香港超过日本成为上海的第二大出口地。相应地,上海对前十大出口地以外国家(地区)的出口比例从 32.62% 上升至 41.19%,出口集中度有所下降,出口存在多元化趋势,中国台湾、韩国和德国等地逐渐成为上海更为重要的合作伙伴。但与此同时,美国和日本仍占据近 25% 的出口额,相应的供应链应进一步合理布局并完善应对供应链风险的措施,避免大规模供应链中断所带来的危害。

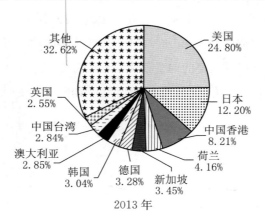

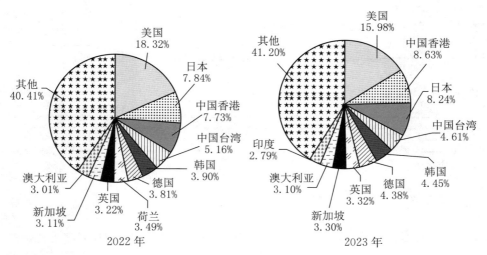

图 2.5　上海 2013 年、2022 年和 2023 年前十大出口目的地及占比

资料来源:根据中国海关数据整理。

2. 进口目的地结构较为稳定，原材料需求拉动相应进口额提升

相较于出口，上海从各大洲的进口情况较为稳定。2013—2023 年各大洲的进口占比变动如图 2.6 所示。亚洲作为上海主要的进口来源地，其占比于 2020 年后呈下降趋势。与此同时，可以观察到欧洲、美洲和大洋洲进口占比的提升，在一定程度上这可以归因于对欧洲高技术产品、巴西大豆和澳大利亚铁矿石的需求提升。

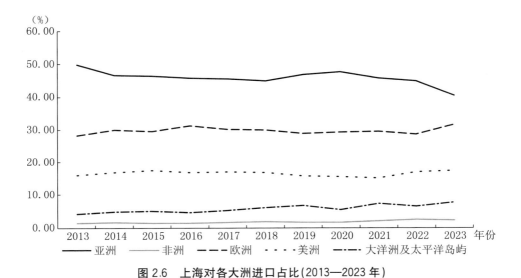

图 2.6　上海对各大洲进口占比（2013—2023 年）

资料来源：根据中国海关数据整理。

图 2.7 分别为 2013 年、2022 年和 2023 年上海前十大进口来源地的分布及占比情况。日本、美国和德国是近十年以来上海主要的进口来源地，且进口占比存在一定程度的下降趋势。瑞士、法国、意大利等欧洲发达国家（地区）的进口占比有所提高，逐渐成为重要的进口来源地。上海从这些发达国家（地区）主要进口芯片、医药等高技术产品，此类核心技术的进口依赖更有可能伴随较大的供应链风险。为此，上海仍需继续提高核心技术的自主开发能力，维持产业链的安全稳定。除此之外还可以看出，上海从澳大利亚的进口占比有较大提升，澳大利亚从 2013 年的第八大进口地上升为 2023 年的第四大进口地，上海对其铁矿石的需求是重要原因。

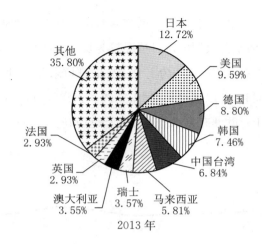

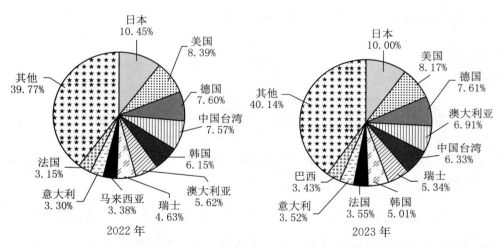

图 2.7 上海 2013 年、2022 年和 2023 年前十大进口来源地及占比

资料来源：根据中国海关数据整理。

2.1.3 进出口产品结构及国别（地区）的变动情况

1. 机动车出口多元化趋势明显，但部分产品出口仍高度集中

表 2.1 展示了上海 2014 年、2016 年、2018 年、2020 年、2022 年以及 2023 年

的前十大出口产品及排名前三的出口目的地变化情况。上海排名前三的主要出口品集中在集成电路、自动数据处理设备及其部件、电话机和机动车零件及附件。

集成电路（HS 编码 8542）：上海集成电路的出口目的地主要集中在中国香港、中国台湾。其中香港的占比最高，基本维持在 40％左右，主要是其转口贸易量较大。其余经济体的出口占比约为 20％—30％。但从图 2.8 可以看出，上海在集成电路上长期保持贸易逆差，且 2003—2012 年间贸易逆差持续加大，这也说明中国，尤其是上海在集成电路等重要基础领域仍需提高国产替代。同时，长期逆差也说明上海在电子终端和其他设备等下游领域对芯片需求越来越大。例如中美贸易摩擦发生以来，"缺芯"问题导致中国汽车产业受到了很大影响，甚至导致其他行业中部分应用企业降准替代。

自动数据处理设备及其部件（HS 编码 8471）和电话机（HS 编码 8517）：作为

图 2.8　上海集成电路净出口额(2003—2023 年)

资料来源：根据中国海关数据整理。

表 2.1 上海前十大出口产品及其排名前三的出口目的地占比变化(2014—2023 年)

2014 年 HS 编码	商品名录	国家或地区	出口占比	国家或地区	出口占比	国家或地区	出口占比
8471	自动数据处理设备及其部件；其他品目未列名的磁性或光学阅读机，将数据以代码形式或转录式数据记媒体的机器（台）	美国	45.56%	荷兰	10.04%	日本	7.89%
8517	电话机，包括用于蜂窝网络或其他无线网络的电话机；其他发送或接收声音、图像或其他数据用的设备，包括有线（一）	美国	37.85%	荷兰	11.85%	中国香港	7.29%
8542	集成电路（一）	中国香港	36.39%	新加坡	18.98%	中国台湾	18.70%
8901	巡航船、游览船、渡船、货船、驳船及其类似的客运或货运船舶（艘）	中国香港	36.23%	马耳他	16.45%	新加坡	7.85%
8473	专用于或主要用于品目 8469 至 8472 所列机器的零件、附件（千克）	美国	40.81%	中国香港	15.49%	墨西哥	5.04%
8541	二极管，晶体管及类似的半导体器件；光敏半导体器件，包括不论是否装在组件内或装成块的光电池；发光二极管（一）	中国香港	35.59%	日本	27.06%	美国	6.82%
6110	针织或钩编的套头衫、开襟衫、外穿背心及类似品（件）	日本	27.91%	美国	20.68%	德国	6.05%
8523	录制声音或其他信息用的圆盘、磁带、固态非易失性数据存储器件、"智能卡"及其他媒体，不论是否已录制，包括复制圆盘用的母片及母带（个）	中国香港	21.59%	美国	16.57%	中国台湾	9.16%

第2章 上海产业发展的贸易安全分析：基于进出口视角 · 027

续表

2014年 HS编码	商品名录	国家或地区	出口占比	国家或地区	出口占比	国家或地区	出口占比
8426	船用桅杆式起重机；起重机，包括缆式装卸吊运车及跨运车及装有起重机的工作车（台）	美国	10.96%	阿联酋	7.08%	斯里兰卡	6.72%
8504	变压器、静止式变流器（一）	美国	21.41%	日本	15.17%	中国香港	14.22%
2016年 HS编码	商品名录	国家或地区	出口占比	国家或地区	出口占比	国家或地区	出口占比
8517	电话机，包括用于蜂窝网网络或其他无线网络的电话机；其他发送或接收声音、图像或其他数据用的设备，包括有线或无线网络（例如，局域网或广域网）的通信设备，品目8443、8525、8527或8528的发送或接收设备除外（一）	美国	47.08%	日本	10.38%	中国香港	8.81%
8542	集成电路（一）	中国香港	44.94%	中国台湾	16.60%	新加坡	10.68%
8708	机动车辆的零件、附件，品目8701至8705所列车辆用（一）	美国	35.61%	日本	11.59%	泰国	7.30%
8901	巡航船、游览船、渡船、货船、驳船及类似的客运或货运船舶（艘）	马绍尔群岛	32.10%	中国香港	27.08%	葡萄牙	15.26%
8541	二极管、晶体管及类似的半导体器件；光敏半导体器件，包括不论是否装在组件内或装成块的光电池；发光二极管；已装配的压电晶体（一）	中国香港	38.13%	美国	10.59%	日本	9.90%
9013	其他品目未列名的液晶装置；激光器，但激光二极管除外；本章其他品目未列名的光学仪器及器具（一）	中国香港	20.28%	美国	18.57%	墨西哥	14.06%

续表

2016年HS编码	商品名录	国家或地区	出口占比	国家或地区	出口占比	国家或地区	出口占比
6110	针织或钩编的套头衫、开襟衫、外穿背心及类似品(件)	日本	24.41%	美国	23.54%	德国	6.48%
8537	用于电气控制或电力分配的盘、板、台、柜及其他基座，装有两个或多个品目8535或8536所列的装置，以及数控装置，但品目8517的交换机除外(一)	美国	21.01%	日本	20.73%	韩国	7.06%
8536	电路开关、保护连接用的电气装置(例如，开关、继电器、熔断器、电涌抑制器、插头、插座、灯座及其他连接器；接线盒；用于电压≤1000V的线路；光导纤维、光导纤维束或光缆用连接器)	美国	18.54%	中国香港	15.22%	日本	11.60%
8523	录制声音或其他信息用的圆盘、磁带、固态非易失性数据存储器件、"智能卡"及其他录制声音或其他现象的媒体，不论是否已录制，包括供复制圆盘用的母片及母带，但不包括第37章的产品(个)	中国香港	19.65%	美国	16.41%	德国	7.33%

2018年HS编码	商品名录	国家或地区	出口占比	国家或地区	出口占比	国家或地区	出口占比
8517	电话机，包括用于蜂窝网络或其他无线网络的电话机；其他发送或接收声音、图像或其他数据用的设备，包括有线或无线网络(一)	美国	34.18%	日本	14.75%	荷兰	12.61%
8542	集成电路(一)	中国香港	44.14%	中国台湾	20.58%	新加坡	10.57%

续表

2018年HS编码	商品名录	国家或地区	出口占比	国家或地区	出口占比	国家或地区	出口占比
8708	机动车的零件、附件，品目 8701 至 8705 所列车辆用（一）	美国	29.96%	日本	12.38%	泰国	7.78%
8901	巡航船、游览船、渡船、货船、驳船及其类似的客运或货运船舶（艘）	中国香港	66.30%	新加坡	13.11%	马绍尔群岛	7.03%
8541	二极管、晶体管及类似的半导体器件；光敏半导体器件，包括不论是否装在组件内或装组块的光电池；发光二极管；已装配的压电晶体（一）	中国香港	39.19%	德国	8.27%	新加坡	7.62%
6110	针织或钩编的套头衫、开襟衫、外穿背心及类似品（件）	美国	25.17%	日本	21.05%	德国	5.60%
8537	用于电气控制或电力分配的盘、板、台、柜及其他基座，装有两个或多个品目 8535 或 8536 所列的装置，包括装有第 90 章所列仪器或装置，以及数控装置，但品目 8517 的交换机除外（一）	美国	19.89%	日本	17.55%	韩国	5.83%
8536	电路开关、保护或连接用的电气装置（一）	美国	19.69%	中国香港	14.80%	日本	10.80%
4202	衣箱、提箱、小手袋、公文袋、公文箱、书包、眼镜盒、望远镜盒、照相机套及类似容器；旅行包、食品或饮料保温包、化妆包、咖布包、手提包、购物袋、钱夹、地图盒、烟盒、烟盒、工具包、运动包、瓶盒、首饰盒及类似容器，用皮革或再生皮革、塑料片、纺织材料、钢纸或纸板制成，或者全部或主要用上述材料纸包覆制品（千克）	美国	22.23%	日本	16.37%	中国香港	5.67%

续表

2018年HS编码	商品名录	国家或地区	出口占比	国家或地区	出口占比	国家或地区	出口占比
8504	变压器、静止式变流器(一)	美国	20.97%	日本	12.02%	中国香港	10.87%
2020年HS编码	商品名录	国家或地区	出口占比	国家或地区	出口占比	国家或地区	出口占比
8471	自动数据处理设备及其部件；其他品目未列名的磁性或光学阅读机，将数据以代码形式转录到数据记录媒体及处理这些数据的机器(一)	美国	46.28%	荷兰	9.38%	中国香港	8.80%
8542	集成电路(一)	中国香港	39.94%	中国台湾	29.41%	韩国	6.63%
8517	电话机，包括用于蜂窝网络或其他无线网络的电话机；其他发送或接收声音、图像或其他数据用的设备，包括有线或无线网络(一)	美国	48.68%	荷兰	8.27%	日本	6.27%
6307	其他制成品，包括服装裁剪样(千克)	美国	25.69%	日本	15.87%	法国	10.53%
8708	机动车的零件、附件，品目8701至8705所列车辆用(一)	美国	25.09%	日本	10.53%	韩国	7.17%
8901	巡航船、游览船、渡船、货船、驳船及其类似的客运或货运船舶(艘)	中国香港	19.81%	法国	17.10%	新加坡	17.03%
8541	二极管、晶体管及类似的半导体器件；光敏半导体器件，包括不论是否装在组件内或装组装成块的光电池；发光二极管；已装配的压电晶体(一)	中国香港	43.65%	德国	7.78%	新加坡	7.63%
8473	专用于或主要用于品目8470至8472所列机器的零件、附件(罩套、提箱及类似品除外)(千克)	美国	26.46%	中国香港	14.92%	中国台湾	11.81%

续表

2020 年 HS 编码	商品名录	国家或地区	出口占比	国家或地区	出口占比	国家或地区	出口占比
8703	主要用于载人的机动车辆(辆)	美国	15.32%	比利时	14.29%	英国	12.18%
9804	低值简易通关商品(千克)	美国	45.02%	日本	9.89%	中国台湾	6.40%
2022 年 HS 编码	商品名录	国家或地区	出口占比	国家或地区	出口占比	国家或地区	出口占比
8471	自动数据处理设备及其部件；其他品目未列名的磁性或光学阅读机,将数据以代码形式转录到数据记录媒体的机器及处理这些数据的机器(一)	美国	44.63%	荷兰	10.07%	日本	5.41%
8542	集成电路(一)	中国香港	37.53%	中国台湾	26.53%	韩国	6.86%
8703	主要用于载人的机动车辆(品目 8702 的货品除外),包括旅行小客车及赛车(辆)	比利时	24.24%	英国	19.43%	西班牙	10.60%
8517	电话机,包括用于蜂窝网络或其他无线网络的智能手机及其他电话机;其他发送或接收声音、图像或其他数据用的设备,包括有线或无线网络(例如,局域网或广域网)的通信设备,品目 8443、8525、8527 或 8528 的发送或接收设备除外)(一)	美国	39.75%	荷兰	8.63%	日本	7.39%
8708	机动车的零件、附件,品目 8701 至 8705 所列车辆用(一)	美国	22.33%	日本	9.45%	德国	8.90%
8541	半导体器件(例如,二极管、晶体管,半导体基换能器;光敏半导体器件,包括不论是否装在组件内或装成块的光电池;发光二极管(LED),不论是否与其他发光二极管(LED)组装;已装配的压电晶体(一)	中国香港	33.13%	德国	9.82%	新加坡	7.82%

续表

HS编码	商品名录	国家或地区	出口占比	国家或地区	出口占比	国家或地区	出口占比
2022年HS编码							
8901	巡航船、游览船、渡船、货船、驳船及其类似的客运或货运船舶(艘)	新加坡	34.40%	利比里亚	17.62%	中国香港	13.62%
8507	蓄电池。包括隔板,不论是否矩形(包括正方形)(一)	美国	41.41%	德国	26.18%	日本	7.70%
2933	仅含有氮杂原子的杂环化合物(千克)	比利时	23.86%	德国	21.90%	美国	9.39%
8473	专用于或主要用于品目8470至8472所列机器的零件、附件(草套、提箱及类似品除外)(千克)	美国	24.54%	中国香港	14.13%	墨西哥	13.42%
2023年HS编码							
8542	集成电路(一)	中国香港	38.25%	中国台湾	24.41%	日本	6.95%
8703	主要用于载人的机动车辆(品目8702的货品除外),包括旅行小客车及赛车(辆)	英国	16.84%	比利时	15.72%	西班牙	15.11%
8471	自动数据处理设备及其部件;其他品目未列名的磁性或光学阅读机,将数据以代码形式转录到数据媒体记录球的机器及处理这些数据的机器	美国	41.58%	荷兰	7.78%	中国香港	7.05%
8517	电话机。包括用于蜂窝网络或其他无线网络的智能手机及其他电话机;其他用于发送或接收声音、图像或其他数据的设备,包括有线或无线网络(例如,局域网或广域网)的通信设备,品目8443、8525、8527或8528的发送或接收设备除外(一)	美国	35.20%	荷兰	7.54%	日本	5.91%

续表

2023年HS编码	商品名录	国家或地区	出口占比	国家或地区	出口占比	国家或地区	出口占比
8901	巡航船、游览船、渡船、货船、驳船及其类似的客运或货运船舶(艘)	新加坡	33.56%	利比里亚	21.64%	中国香港	20.36%
8708	机动车的零件、附件，品目8701至8705所列车辆用(一)	美国	23.34%	日本	11.13%	德国	7.39%
8507	蓄电池，包括隔板，不论是否矩形(包括正方形)(一)	德国	38.37%	美国	32.30%	日本	14.02%
8541	半导体器件(例如，二极管、晶体管、半导体基换能器；光敏半导体器件，包括不论是否装在组件内或组装成块的光电池；发光二极管(LED)，不论是否与其他发光二极管(LED)组装；已装配的压电晶体)(一)	中国香港	30.34%	德国	12.73%	美国	8.39%
9804	低值简易通关商品(千克)	美国	46.19%	荷兰	9.90%	日本	8.21%
8504	变压器、静止式变流器(例如整流器)及电感器(一)	德国	11.27%	中国香港	11.27%	美国	11.14%

注："(一)"表示该分类下无统一单位，下同。

资料来源：根据中国海关数据整理。

重要机电产品,上海自动数据处理设备及其部件和电话机出口占比不断增加。其出口目的地主要集中于美国、日本、荷兰等经济体,且美国始终保持第一大出口目的地。

机动车零件及附件(HS 编码 8708):汽车整车及零部件制造业是上海的六大支柱产业之一。上海拥有良好的汽车工业基础,在出口方面具有一定的比较优势。从出口目的地看,上海机动车零件及附件出口市场趋于多元化,以美国、日本为主逐渐扩展到欧洲、东南亚等国家和地区。

2. 粮食、铁矿石及核心技术长期存在进口依赖

从表 2.2 展示的 2014 年、2016 年、2018 年、2020 年、2022 年和 2023 年上海前十大进口主要产品及其前三位来源地的变化中可以看出,部分产品及核心技术高度依赖美国、日本、德国等少数国家(基本在 50% 以上且替代性较差)。2014—2017 年,上海主要进口品集中在航空航天方面(HS 编码 8802,主要进口国为美国)、钻石(HS 编码 7102,主要进口国为印度)、铁矿砂及其精矿(HS 编码 2601,主要进口国为澳大利亚)和医疗药品及器具等方面(HS 编码 3002、3004、9018,主要进口国为美国、德国和瑞士等)。2018 年至今,上述产品依然为上海前十大主要进口品,同时增加了大豆(HS 编码 1201,主要从世界第一大大豆出口国巴西进口)、自动数据处理设备及其部件(HS 编码 8471,主要进口来源地为中国台湾)。

大豆(HS 编码 1201):中国自 1995 年之后从大豆出口国转变成大豆进口国。截至 2023 年,巴西一直是上海最大的大豆来源地,从巴西进口的大豆占比(73.73%)约为从上海第二大大豆进口国美国进口的大豆占比(25.05%)的 2.94 倍。大豆进口长期依赖单一市场,需要推行大豆进口多元化,如增加阿根廷、俄罗斯等国的大豆进口比例。

铁矿砂(HS 编码 2601):自 2016 年以来,澳大利亚一直是中国最大的铁矿砂进口来源地,铁矿砂进口占比从 2017 年的 58.20% 攀升至 2020 年的 72.04%,于 2023 年略有回落,降至 63.50%。中国钢铁产量世界第一,对铁矿砂也存在较高的需求。为防止在铁矿砂进口方面受制于人,需打破铁矿砂寡头垄断局面,开拓更多

表 2.2　上海前十大产品及其排名前三的进口来源地占比变化（2014—2023 年）

2014 年 HS 编码	商品名录	国家或地区	进口占比	国家或地区	进口占比	国家或地区	进口占比
8542	集成电路（一）	中国台湾	24.07%	马来西亚	19.78%	韩国	16.43%
8703	主要用于载人的机动车辆（辆）	英国	40.61%	德国	27.11%	比利时	8.09%
2709	石油原油及从沥青矿物提取的原油（千克）	伊拉克	29.70%	沙特阿拉伯	16.52%	阿曼	13.77%
8802	其他航空器（例如，直升机，飞机）；航天器（架）	美国	47.25%	法国	27.45%	德国	15.32%
2601	铁矿砂及其精矿，包括焙烧黄铁矿（千克）	澳大利亚	60.24%	巴西	32.66%	南非	3.80%
3004	由混合或非混合产品构成的治病或防病用药品（不包括品目 3002、3005 或 3006 的货品），已配定剂量（包括成皮肤摄入形式的）或制成零售包装（千克）	瑞士	17.93%	德国	13.67%	意大利	12.43%
8517	电话机，包括用于蜂窝网络或其他无线网络的电话机；其他发送或接收声音、图像或其他数据用的设备，包括有线（一）	中国台湾	28.14%	法国	4.24%	马来西亚	3.62%
3901	初级形状的乙烯聚合物（千克）	沙特阿拉伯	16.35%	伊朗	15.60%	韩国	11.18%
9018	医疗、外科、牙科或兽医用仪器及器具，包括闪际扫描装置，其他电气医疗装置及视力检查仪器（一）	美国	35.29%	德国	18.30%	日本	17.62%

续表

2016年 HS编码	商品名录	国家或地区	进口占比	国家或地区	进口占比	国家或地区	进口占比
8542	集成电路(一)	中国台湾	26.75%	韩国	18.50%	马来西亚	17.66%
8703	主要用于载人的机动车辆(辆)	德国	38.96%	英国	29.66%	美国	7.48%
7403	未锻轧的精炼铜及铜合金(千克)	智利	36.79%	哈萨克斯坦	7.03%	印度	5.84%
3004	由混合或非混合产品构成的治病或防病用药品(不包括品目3002、3005或3006的货品),已配定剂量(千克)	德国	29.28%	瑞士	12.51%	澳大利亚	12.14%
8802	其他航空器(例如,直升机、飞机);航天器(架)	美国	64.01%	德国	25.97%	法国	9.68%
8708	机动车辆的零件、附件,品目8701至8705所列车辆用(一)	日本	27.89%	德国	21.63%	美国	13.54%
9018	医疗、外科、牙科或兽医用仪器及器具,包括闪烁扫描装置,其他电气医疗装置及视力检查仪器	美国	30.35%	德国	18.55%	日本	15.06%
3002	人血;治病、防病或诊断用动物血制品;抗血清、其他血份及免疫制品,不论是否修饰或通过生物工艺加工制得;疫苗、毒素、培养微生物(千克)	德国	42.48%	美国	26.95%	爱尔兰	8.11%
8517	电话机,包括用于蜂窝网络或其他无线网络的电话机;其他发送或接收声音、图像或其他数据用的设备,包括有线或无线网络(例如,局域网或广域网)的通信设备(品目8443、8525、8527或8528的发送或接收设备除外)(一)	日本	15.27%	中国台湾	12.19%	马来西亚	4.81%

续表

2016年HS编码	商品名录	国家或地区	进口占比	国家或地区	进口占比	国家或地区	进口占比
8536	电路开关，保护或连接用电气装置（例如，开关，继电器，熔断器，电涌抑制器，插头，插座，灯座及其他连接器，接线盒），用于电压≤1000V的线路；光导纤维束或光缆用连接器（一）	日本	23.63%	德国	13.64%	美国	8.41%
2018年HS编码	商品名录	国家或地区	进口占比	国家或地区	进口占比	国家或地区	进口占比
8542	集成电路（一）	中国台湾	28.08%	韩国	17.44%	日本	14.81%
7108	金（包括镀铂金），未锻造、半制成或粉末状（克）	瑞士	51.39%	澳大利亚	22.17%	美国	5.56%
2601	铁矿砂及其精矿，包括焙烧黄铁矿（千克）	澳大利亚	55.90%	巴西	32.37%	加拿大	2.75%
7403	未锻轧的精炼铜及铜合金（千克）	智利	43.54%	印度	8.18%	俄罗斯	6.96%
3002	人血；治病、防病或诊断用动物血制品；抗血清、其他血份及免疫制品，不论是否修饰通过生物工艺加工制得；疫苗、毒素、培养微生物（千克）	德国	39.09%	美国	28.18%	爱尔兰	9.49%
3004	由混合或非混合产品构成的治病或防病用药品（不包括品目3002、3005或3006的货品），已配定剂量（千克）	德国	24.59%	澳大利亚	12.57%	瑞士	9.14%
1201	大豆，不论是否破碎（千克）	巴西	86.90%	美国	12.76%	加拿大	0.34%

续表

2018年 HS编码	商品名录	国家或地区	进口占比	国家或地区	进口占比	国家或地区	进口占比
8708	机动车的零件,附件;品目8701至8705所列车辆用(一)	德国	25.93%	日本	24.23%	美国	14.03%
3304	美容品或化妆品及护肤品(药品除外),包括防晒油或晒黑油(千克)	法国	29.63%	日本	27.95%	韩国	18.91%
3901	初级形状的乙烯聚合物(千克)	沙特阿拉伯	17.54%	韩国	11.58%	阿联酋	10.53%
2020年 HS编码	商品名录	国家或地区	进口占比	国家或地区	进口占比	国家或地区	进口占比
8542	集成电路(一)	中国台湾	32.35%	韩国	16.49%	日本	12.90%
2601	铁矿砂及其精矿,包括焙烧黄铁矿(千克)	澳大利亚	72.04%	巴西	16.22%	加拿大	4.57%
8703	主要用于载人的机动车辆(辆)	德国	37.77%	斯洛伐克	30.73%	英国	15.53%
7403	未锻轧的精炼铜及铜合金(千克)	智利	33.40%	俄罗斯	17.36%	刚果(金)	11.41%
3304	美容品或化妆品及护肤品(药品除外),包括防晒油或晒黑油(千克)	日本	30.30%	法国	29.00%	韩国	16.96%
3002	人血;治病、防病或诊断用动物血制品;抗血清、其他血份及免疫制品,不论是否修饰通过生物工艺加工制得;疫苗、毒素、培养微生物(一)	德国	46.80%	美国	25.28%	瑞士	9.96%
8471	自动数据处理设备及其部件;其他品目未列名的磁性或光学阅读机,将数据以代码形式转录到数据记录媒体的机器及处理这些数据的机器(一)	中国台湾	57.55%	韩国	8.32%	马来西亚	6.25%

续表

2020 年 HS 编码	商品名录	国家或地区	进口占比	国家或地区	进口占比	国家或地区	进口占比
3004	由混合或非混合产品构成的治病或防病用药品（不包括品目 3002、3005 或 3006 的货物），已配定剂量（千克）	德国	26.18%	意大利	14.49%	法国	8.83%
8486	专用于或主要用于制造半导体单晶柱或晶圆、半导体器件、集成电路或平板显示器的机器及装置	日本	28.39%	美国	23.75%	荷兰	15.94%
9018	医疗、外科或兽医用仪器及器具，包括闪烁扫描装置、其他电气医疗装置及视力检查仪器（一）	美国	27.58%	德国	16.41%	墨西哥	15.76%
2022 年 HS 编码	商品名录	国家或地区	进口占比	国家或地区	进口占比	国家或地区	进口占比
8542	集成电路（一）	中国台湾	38.30%	韩国	21.23%	日本	10.88%
7108	金（包括镀铂的金），未锻造、半制造或成粉末状（克）	瑞士	49.32%	澳大利亚	22.77%	南非	13.39%
2601	铁矿砂及其精矿，包括焙烧黄铁矿（千克）	澳大利亚	65.38%	巴西	20.89%	加拿大	5.26%
8703	主要用于载人的机动车辆（品目 8702 的货品除外），包括旅行小客车及赛车（辆）	德国	40.43%	斯洛伐克	25.04%	英国	13.34%
1201	大豆，不论是否破碎（千克）	巴西	69.62%	美国	25.80%	阿根廷	3.90%
9018	医疗、外科或兽医用仪器及器具，包括闪烁扫描装置，其他电气医疗装置及视力检查仪器（一）	美国	23.51%	墨西哥	20.10%	德国	14.99%

续表

HS编码	商品名录	国家或地区	进口占比	国家或地区	进口占比	国家或地区	进口占比
2022年HS编码							
7403	未锻轧的精炼铜及铜合金(千克)	智利	27.75%	刚果(金)	20.50%	俄罗斯	15.01%
3304	美容品或化妆品及护肤品(药品除外),包括防晒油或晒黑油;指(趾)甲化妆品(千克)	法国	30.87%	日本	27.06%	韩国	12.11%
8471	自动数据处理设备及其部件;其他品目未列名的磁性或光学阅读机,将数据以代码形式式转录到数据媒体的机器及处理这些数据的机器(一)	中国台湾	44.56%	泰国	10.93%	韩国	8.49%
3004	由混合或非混合产品构成的治病或防病用药(不包括品目 3002、3005 或 3006 的货品),已配定剂量(包括成皮肤摄入形式的)或制成零售包装(千克)	德国	26.87%	意大利	14.95%	法国	9.54%
2023年HS编码							
8542	集成电路(一)	中国台湾	36.43%	韩国	16.95%	日本	14.02%
7108	金(包括镀铂的金),未锻造、半制成或粉末状(克)	瑞士	45.36%	澳大利亚	19.70%	南非	13.37%
2601	铁矿 砂及其精矿,包括焙烧黄铁矿(千克)	澳大利亚	63.50%	巴西	21.58%	加拿大	5.47%
8703	主要用于载人的机动车辆(品目 8702 的货品除外),包括旅行小客车及赛车(辆)	德国	37.07%	英国	22.45%	斯洛伐克	19.53%
1201	大豆,不论是否破碎(千克)	巴西	73.73%	美国	25.05%	阿根廷	0.61%

续表

2023年 HS编码	商品名录	国家或地区	进口占比	国家或地区	进口占比	国家或地区	进口占比
9018	医疗、外科、牙科或兽医用仪器及器具，包括闪烁扫描装置、其他电气医疗装置及视力检查仪器(一)	美国	23.49%	墨西哥	19.26%	德国	15.10%
3004	由混合或非混合产品构成的治病或防病用药品(不包括税目3002、3005或3006的货品)，已配定剂量(包括制成皮肤摄入形式的)或制成零售包装(千克)	德国	22.94%	意大利	13.74%	美国	10.36%
8486	专用于或主要用于制造半导体单晶柱或晶圆、半导体器件、集成电路或平板显示器的机器及装置；本章注释11(3)*规定的机器及装置；零件及附件(一)	日本	28.99%	荷兰	25.32%	新加坡	14.38%
3304	美容品或化妆品及护肤品(药品除外)，包括防晒油或晒黑油；指(趾)甲化妆品(千克)	法国	31.09%	日本	25.82%	韩国	14.45%
8471	自动数据处理设备及其部件；其他品目未列名的磁性或光学阅读机，将数据以代码形式转录到数据记录媒体的机器及处理这些数据的机器(一)	中国台湾	42.55%	越南	15.82%	马来西亚	10.13%

注：*代指海关总署的商品和品目对应章节注释。内容为：品目8486也包括专用于或主要用于下列用途的机器及装置：(1)制造或修复掩模版及投影掩模版；(2)组装半导体器件或集成电路；(3)升降、搬运、装卸单晶柱、晶圆、半导体器件、集成电路及平板显示器。

资料来源：根据中国海关数据整理。

进口渠道,推行进口多元化原则。例如,非洲和巴西拥有较多的优质铁矿,废钢冶炼也可以替代进口铁矿砂,这些都可以缓解对澳大利亚铁矿砂的依赖。

生物医药(HS 编码 3002、3004、9018):作为上海重点产业之一,生物医药产业需大量进口美国、德国和瑞士等发达国家的医疗器械及药品,技术垄断打破难度大。而且从调研中发现,与进口医疗器械及药品相关的病例数据信息也存在外传、泄露的风险。

2.2 上海重点产业对外贸易安全评估

2.2.1 集成电路产业

整体上看,上海集成电路进出口经济体较为集中,出口目的地和进口来源地变化较小,主要集中在美国、日本、韩国,以及荷兰等部分西欧国家(地区)。此外,中国台湾也是上海重要的进出口贸易伙伴。上海集成电路封测设备对外依赖度有下降趋势,但在集成电路相关材料和制造设备上仍然高度依赖日本和美国。

1. 出口市场较分散,产业链供应链风险较低

集成电路出口市场集中在中国台湾、日本、韩国、美国。集成电路产业高度分工,具有产业链长、厂商区域分布集中、个别模块高度垄断、高技术门槛和高关联度等特征。图 2.9 给出了上海 2023 年集成电路主要产品的出口状况。可以看出,IC制造设备和抛光垫是上海对外出口的首要产品,占比均超过四分之一;其次是单晶硅片和 IC 封测设备;光刻胶、抛光液和掩模版出口占比仍然较小。从各产品的出口目的地来看,美国、日本、中国台湾是上海集成电路的主要出口目的地。总体来看,上海集成电路出口市场较为分散,不存在对某一特定市场的出口依赖度极高的情况,说明上海集成电路产业通过分散出口市场降低出口依赖度,提升了集成电路

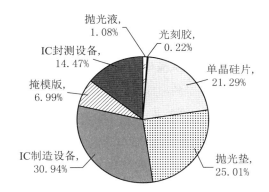

图 2.9　上海 2023 年集成电路产业出口产品占比

资料来源：根据中国海关数据整理。

的产业链供应链安全。

从出口目的地分布来看，表 2.3 给出了 2016—2023 年上海集成电路各产品前三大出口目的地的变动情况。整体来看，美国、日本、中国台湾是上海电路出口的主要目的地。

从抛光液的出口来看，2016—2023 年美国、日本是上海主要的出口目的地，但占比不高，可替代性较强。2020—2023 年，上海抛光液对美国和日本的出口占比逐渐减少，对中国台湾和尼日利亚的出口占比逐步增多。从光刻胶的出口来看，上海对日本的出口占比稳定提高，最高时一度达到近 60%；2023 年，上海对新加坡的出口占比为 15.22%，对外依赖度大幅下降。从单晶硅片的出口来看，中国台湾长期位居出口目的地的第一位，占比大多超过 30%；而以越南、菲律宾、泰国为代表的东南亚国家长期位居出口目的地前三位；上海对日本出口占比持续下降，2022 年日本已经跌出出口目的地前三的位置。从抛光垫的出口来看，美国、日本始终占据前两位，但占比均有一定下降。上海抛光垫出口目的地前三位的出口占比逐渐降低，说明出口市场逐渐趋于分散化，出口市场可替代性较强。从 IC 制造设备的出口来看，上海对新加坡出口占比持续攀升，2016 年以来上升超过 10 个百分点。2021—2023 年，新加坡逐渐超过中国台湾和美国，位居上海 IC 制造设备出口目的地第一位。2023 年,上海 IC 制造设备对新加坡的出口占比为 26.04%,对中国台湾的出口占比为 23.68%,对美国的出口占比为 16.67%,说明上海 IC 制造设备出口市场的可替代性较差,出口依赖度较高。从掩模版的出口来看,上海对韩国、印度尼西亚出口占比逐年下降,对美国和爱尔兰的出口占比逐步增加,说明上海掩模版出口市场的可替代性较强。最后,从 IC 封测设备来看,美国是重要的出口目的地,但占比持续下降,2016—2023 年的占比下降超过 10 个百分点,说明美国出口地的可替代性逐步提高。还可以看到,2022 年上海 IC 封测设备对中国台湾的出口占比超过美国,位居第一,可见上海 IC 封测设备出口市场的出口依赖度较低,出口可替代性较强。

表 2.3　上海集成电路产业前三大出口目的地排名及占比(2016—2023 年)

产品名称	2016 年	2017 年	2018 年	2019 年	2020 年	2021 年	2022 年	2023 年
抛光液	日本 (14.55%)	日本 (13.40%)	美国 (17.07%)	美国 (19.21%)	韩国 (15.99%)	中国台湾 (24.21%)	中国台湾 (33.84%)	中国台湾 (25.99%)
	美国 (11.25%)	美国 (13.21%)	日本 (11.34%)	日本 (11.93%)	美国 (15.66%)	尼日利亚 (9.35%)	尼日利亚 (10.06%)	尼日利亚 (8.86%)
	中国台湾 (8.39%)	韩国 (7.81%)	韩国 (8.68%)	韩国 (8.90%)	日本 (9.30%)	日本 (8.72%)	阿联酋 (5.46%)	阿联酋 (5.80%)
光刻胶	日本 (30.96%)	日本 (45.09%)	日本 (59%)	日本 (43.43%)	日本 (41.21%)	日本 (48.57%)	日本 (41.58%)	新加坡 (15.22%)
	韩国 (17.38%)	中国台湾 (7.87%)	伊朗 (4.82%)	伊朗 (8.60%)	越南 (8.66%)	越南 (6.77%)	中国香港 (14.33%)	美国 (12.86%)
	俄罗斯 (9.08%)	韩国 (7.52%)	韩国 (4.74%)	越南 (6.08%)	伊朗 (7.94%)	新加坡 (5.20%)	越南 (6.78%)	中国香港 (9.15%)
单晶硅片	中国台湾 (32.06%)	中国台湾 (25.45%)	中国台湾 (32.44%)	中国台湾 (31.69%)	越南 (36.32%)	中国台湾 (38.25%)	中国台湾 (32.31%)	中国台湾 (24.51%)
	日本 (23.18%)	日本 (17.23%)	日本 (19.82%)	越南 (29.55%)	中国台湾 (30.28%)	美国 (12.15%)	美国 (12.99%)	美国 (18.82%)
	菲律宾 (10.27%)	越南 (15.10%)	美国 (12.62%)	日本 (8.09%)	美国 (6.73%)	日本 (11.33%)	泰国 (11.33%)	泰国 (10.73%)

续表

产品名称	2016 年	2017 年	2018 年	2019 年	2020 年	2021 年	2022 年	2023 年
抛光垫	美国（16.99%）	美国（15.89%）	美国（16.50%）	美国（13.67%）	美国（13.04%）	美国（8.89%）	日本（8.76%）	日本（7.96%）
	日本（7.78%）	日本（8.64%）	日本（7.62%）	日本（8.30%）	日本（8.83%）	日本（8.87%）	美国（8.01%）	美国（7.40%）
	印度（7.28%）	印度（6.87%）	印度（5.70%）	泰国（6.30%）	泰国（6.80%）	巴西（6.27%）	巴西（7.59%）	巴西（6.27%）
IC 制造设备	中国台湾（23.39%）	新加坡（24.73%）	新加坡（23.71%）	中国台湾（31.74%）	新加坡（32.26%）	新加坡（29.48%）	新加坡（31.41%）	新加坡（26.04%）
	美国（21.77%）	中国香港（17.11%）	美国（20.73%）	新加坡（22.06%）	中国台湾（30.24%）	中国台湾（25.70%）	中国台湾（27.74%）	中国台湾（23.68%）
	新加坡（20.45%）	美国（16.35%）	中国台湾（17.86%）	美国（15.79%）	美国（17.29%）	美国（22.09%）	美国（21.72%）	美国（16.67%）
掩模版	韩国（14.13%）	韩国（20.66%）	韩国（13.05%）	韩国（9.48%）	韩国（8.92%）	美国（19.89%）	美国（19.78%）	美国（26.98%）
	印度尼西亚（8.60%）	印度尼西亚（7.12%）	印度尼西亚（8.82%）	印度尼西亚（7.61%）	土耳其（7.21%）	爱尔兰（12.68%）	爱尔兰（14.24%）	爱尔兰（11.99%）
	印度（7.25%）	中国台湾（6.13%）	西班牙（7.35%）	印度（7.57%）	印度尼西亚（6.73%）	德国（10.46%）	匈牙利（11.04%）	匈牙利（9.93%）
IC 封测设备	美国（26.64%）	美国（27.80%）	美国（26.39%）	中国香港（20.81%）	美国（17.96%）	美国（18.98%）	中国台湾（15.67%）	中国台湾（17.27%）
	中国香港（12.20%）	中国香港（12.24%）	中国香港（18.30%）	美国（20.45%）	日本（11.57%）	中国台湾（11.57%）	美国（13.63%）	美国（13.25%）
	荷兰（9.30%）	日本（9.01%）	荷兰（9.20%）	日本（8.46%）	中国香港（10.90%）	日本（11.05%）	中国香港（8.44%）	中国香港（8.17%）

资料来源：根据中国海关数据整理。

2. 集成电路对美国和日本的进口依赖度高,供应链产业链风险大

图 2.10 给出了上海集成电路各产品进口占比情况。从图中可以观察到,IC 制造设备的进口占比约为上海集成电路进口额的 66%,其次是 IC 封测设备、单晶硅片和抛光垫,分别占比约 8%。

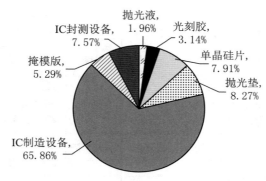

图 2.10 上海 2023 年集成电路产业进口产品占比

资料来源:根据中国海关数据整理。

如表 2.4 所示,从集成电路进口来源地数据整体来看,上海对 IC 制造设备、掩模版、光刻胶、单晶硅片的进口,日本长期居于第一的位置,替代性较差,对日本依赖度大;而对抛光垫和抛光液的进口,日本第一的位置已经逐步被取代。

具体来看,在抛光液的进口市场,上海从日本和美国进口占比均位于前三,对日本和美国的进口依赖度较高,替代性较差。在光刻胶进口市场,日本是上海进口的主要来源地,占比长年位于 80% 左右,对日本的进口依赖度极高,替代性极差。在单晶硅片进口市场,上海主要从日本、中国台湾和韩国进口,替代性较差。在抛光垫进口市场,上海主要从日本、美国、新加坡进口。2023 年,上海从美国进口占比达 31.09%,从日本进口占比达 27.82%,从新加坡进口占比达 10.80%,进口依赖度较高。在 IC 制造设备进口市场,日本是上海的主要进口来源地,居于第一位置。在掩模版进口市场,日本、德国是上海的主要进口来源地。2016—2020 年,上海从美国进口占比逐年下降,在 2021 年跌出前三;而上海从中国台湾的进口占比逐年增多,2021—2023 年排名第二。在 IC 封测设备进口市场,上

海主要从美国、日本、德国进口设备,2017—2023 年从这三国进口总额占比长期
达 50% 以上。

表 2.4　上海集成电路产业进口来源地排名及占比(2016—2023 年)

产品 名称	2016 年	2017 年	2018 年	2019 年	2020 年	2021 年	2022 年	2023 年
抛光液	日本 (23.68%)	日本 (27.26%)	日本 (28.25%)	日本 (28.20%)	日本 (28.30%)	日本 (32.00%)	中国台湾 (33.11%)	中国台湾 (39.91%)
	美国 (18.72%)	美国 (22.30%)	美国 (21.65%)	美国 (21.40%)	美国 (22.60%)	中国台湾 (31.26%)	日本 (30.07%)	日本 (27.86%)
	韩国 (14.59%)	德国 (14.99%)	德国 (16.66%)	德国 (15.26%)	德国 (13.60%)	美国 (20.95%)	美国 (22.41%)	美国 (18.41%)
光刻胶	日本 (73.20%)	日本 (79.70%)	日本 (80.50%)	日本 (82.34%)	日本 (81.77%)	日本 (78.80%)	日本 (78.08%)	日本 (79.58%)
	美国 (10.14%)	美国 (9.14%)	美国 (9.24%)	美国 (8.42%)	美国 (7.50%)	美国 (8.78%)	中国台湾 (9.04%)	中国台湾 (7.81%)
	中国台湾 (7.30%)	中国台湾 (7.99%)	中国台湾 (6.87%)	中国台湾 (5.45%)	中国台湾 (5.43%)	中国台湾 (6.70%)	美国 (6.52%)	韩国 (5.60%)
单晶硅片	日本 (35.56%)	日本 (32.60%)	日本 (33.94%)	中国台湾 (33.82%)	日本 (34.26%)	日本 (35.58%)	日本 (31.28%)	日本 (37.71%)
	中国台湾 (28.76%)	中国台湾 (26.92%)	中国台湾 (31.14%)	日本 (31.23%)	中国台湾 (26.98%)	韩国 (21.14%)	韩国 (27.91%)	德国 (15.40%)
	韩国 (10.64%)	韩国 (10.07%)	韩国 (9.66%)	韩国 (11.38%)	韩国 (16.67%)	中国台湾 (20.07%)	中国台湾 (15.08%)	中国台湾 (13.94%)
抛光垫	日本 (31.23%)	日本 (29.94%)	日本 (28.05%)	日本 (29.34%)	日本 (30.62%)	美国 (30.11%)	美国 (33.80%)	美国 (31.09%)
	美国 (28.30%)	美国 (27.98%)	美国 (27.53%)	美国 (27.00%)	美国 (26.52%)	日本 (29.44%)	日本 (25.82%)	日本 (27.82%)
	德国 (12.75%)	德国 (13.85%)	新加坡 (12.67%)	新加坡 (17.60%)	新加坡 (13.66%)	新加坡 (10.57%)	新加坡 (10.58%)	新加坡 (10.80%)

续表

产品名称	2016年	2017年	2018年	2019年	2020年	2021年	2022年	2023年
IC制造设备	日本(29.83%)	日本(31.37%)	日本(35.57%)	日本(34.15%)	日本(28.53%)	日本(46.79%)	日本(29.56%)	日本(28.97%)
	美国(27.83%)	美国(27.35%)	美国(20.03%)	美国(23.91%)	美国(23.87%)	美国(21.63%)	新加坡(16.45%)	荷兰(25.64%)
	新加坡(13.73%)	新加坡(9.40%)	新加坡(11.18%)	荷兰(9.72%)	荷兰(16.02%)	新加坡(16.375%)	美国(13.02%)	新加坡(14.19%)
掩模版	日本(61.57%)	日本(65.47%)	日本(67.74%)	日本(69.98%)	日本(70.83%)	日本(46.79%)	日本(44.59%)	日本(40.41%)
	美国(18.36%)	美国(17.72%)	美国(15.41%)	德国(13.54%)	德国(14.37%)	中国台湾(16.87%)	中国台湾(15.47%)	中国台湾(12.67%)
	德国(16.41%)	德国(12.75%)	德国(12.67%)	美国(12.02%)	美国(7.52%)	德国(8.59%)	德国(9.65%)	德国(11.83%)
IC封测设备	美国(29.10%)	美国(29.35%)	美国(26.95%)	美国(26.45%)	美国(22.04%)	美国(20.70%)	日本(19.51%)	美国(22.44%)
	马来西亚(18.13%)	德国(17.70%)	德国(17.56%)	日本(16.31%)	日本(18.73%)	日本(17.89%)	美国(18.90%)	日本(17.39%)
	日本(15.82%)	日本(15.24%)	日本(14.72%)	德国(14.62%)	德国(16.97%)	德国(16.06%)	德国(13.99%)	德国(14.27%)

资料来源:根据中国海关数据整理。

2.2.2 生物医药产业

出口方面,上海生物医药出口市场较为集中,多项产品对美国出口占比位居首位。进口方面,上海医药多项产品进口自德国、美国等发达国家(地区),依赖度较高,产业链断链风险也较大。总体来看,虽然高端生物医药行业的贸易依赖集中在发达国家(地区),但正在逐步摆脱对发达国家的依赖。

1. 对美国和日本出口依赖度高，但整体市场向分散化发展

图 2.11 给出了 2023 年上海生物医药产业主要产品的出口状况。其中，医疗器械占比量高，达 43％，其次是配定药物和医用浸膏。

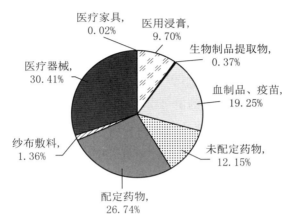

图 2.11　上海 2023 年生物医药产业出口产品占比

资料来源：根据中国海关数据整理。

从 2016—2023 年上海生物医药产业出口目的地的变化情况来看，如表 2.5 所示，上海对日本在医用浸膏、生物制品提取物、纱布敷料的出口占比不断下降。上海对美国在纱布敷料出口占比长期位居第一。对美国生物医药产业出口依赖度较高，替代性较弱。

具体来看，在医用浸膏的出口市场，日本、美国、俄罗斯是上海的主要出口目的地。日本虽然是占比第一的出口目的地，但其出口占比呈现逐年下降的趋势，从 2016 年的 69.73％下降至 2023 年的 54.37％，下降超过 10 个百分点。这说明上海虽然对日本医用浸膏的出口依赖度高，但是正在逐步向着多元化、分散化的趋势发展，可替代性逐步提高。在生物制品提取物的出口市场，日本、美国和中国香港是上海主要出口目的地。2023 年，上海对日本的出口占比为 65.74％，对中国香港的出口占比为 14.87％，可替代性较差。但是上海对日本的出口占比从 2016 年的 93.60％降至 2023 年的 65.74％，下降接近 30 个百分点，说明上海生

物制品提取物对日本的出口依赖度正在逐年降低。在血制品、疫苗的出口市场，上海出口瑞士、美国的占比较大，但存在剧烈波动，需要警惕产业链供应链断链风险。在未配定药物的出口市场，新西兰、韩国、印度是上海的主要出口国，但其占比均未超过三分之一，可替代性较高。在配定药物的出口市场，上海对美国、澳大利亚、英国等国家的出口占比较大，但其占比大多未超过三分之一，可替代性较高。在纱布敷料的出口市场，美国、英国、日本是上海的主要出口目的地，且近年来美国出口占比长期位居第一，从2016年的23.72%上升至2023年的32.41%，可替代性变差，需要关注纱布敷料的出口市场风险。在医疗器械的出口市场，美国、日本位居上海出口市场占比前两位，其中美国的出口占比均高于30%，对美国的出口依赖度较高，可替代性较差。在医疗家具的出口市场，美国是上海的主要出口目的地，但占比在逐年下降，从2016年的51.68%下降至2023年的36.82%，下降近15个百分点。这说明上海对美国的出口依赖度大，需要警惕美国市场需求不足的风险。

表2.5 上海生物医药产业出口目的地排名及占比(2016—2023年)

产品名称	2016年	2017年	2018年	2019年	2020年	2021年	2022年	2023年
医用浸膏	日本(69.73%)	日本(62.78%)	日本(60.3%)	日本(55.41%)	日本(55.02%)	日本(52.11%)	日本(46.84%)	日本(54.37%)
	美国(6.32%)	美国(9.38%)	美国(8.39%)	美国(8.33%)	美国(10.71%)	中国香港(11.23%)	俄罗斯(10.30%)	中国香港(8.31%)
	俄罗斯(2.86%)	俄罗斯(2.85%)	俄罗斯(3.70%)	俄罗斯(4.98%)	俄罗斯(4.35%)	美国(8.19%)	美国(7.05%)	美国(7.11%)
生物制品提取物	日本(93.60%)	日本(51.31%)	美国(45.3%)	日本(40.58%)	中国香港(45.74%)	日本(45.89%)	日本(43.69%)	日本(65.74%)
	美国(2.62%)	美国(34.62%)	日本(45.21%)	中国香港(38.10%)	日本(38.62%)	中国香港(39.78%)	中国香港(40.14%)	中国香港(14.87%)
	俄罗斯(2.60%)	越南(8.82%)	中国香港(3.63%)	美国(15.96%)	美国(11.41%)	美国(7.31%)	美国(8.76%)	美国(7.92%)

续表

产品名称	2016 年	2017 年	2018 年	2019 年	2020 年	2021 年	2022 年	2023 年
血制品、疫苗	瑞士(71.07%)	美国(22.92%)	美国(24.28%)	美国(15.21%)	美国(34.34%)	瑞士(25.58%)	瑞士(84.80%)	美国(34.35%)
	美国(7.67%)	波兰(15.35%)	波兰(10.24%)	乌克兰(12.13%)	波兰(9.04%)	德国(21.64%)	美国(4.33%)	波兰(13.02%)
	波兰(5.01%)	巴西(9.18%)	乌克兰(7.30%)	波兰(12%)	巴西(9.02%)	印度尼西亚(9.68%)	哥伦比亚(1.74%)	澳大利亚(6.42%)
未配定药物	泰国(15.91%)	新西兰(25.10%)	新西兰(28.52%)	新西兰(20.40%)	印度(26.69%)	韩国(20.26%)	印度(21.86%)	韩国(24.36%)
	美国(14.91%)	泰国(12.71%)	韩国(15.41%)	韩国(14.75%)	新西兰(19.27%)	印度(19.36%)	韩国(16.15%)	印度(19.22%)
	新西兰(13.89%)	韩国(12.21%)	泰国(9.68%)	印度(13.67%)	韩国(12.28%)	新西兰(14.69%)	阿根廷(10.25%)	泰国(9.21%)
配定药物	澳大利亚(36.39%)	英国(15.51%)	爱尔兰(52.25%)	英国(20.42%)	瑞士(26.29%)	美国(28.98%)	美国(28.06%)	美国(24.01%)
	韩国(24.51%)	澳大利亚(15.04%)	瑞士(8.97%)	瑞士(18.89%)	美国(20.28%)	比利时(11.61%)	澳大利亚(7.00%)	澳大利亚(10.18%)
	马来西亚(5.85%)	尼日利亚(8.68%)	英国(6.87%)	美国(15.21%)	英国(9.55%)	瑞士(6.90%)	菲律宾(5.97%)	新加坡(10.06%)
纱布敷料	英国(28.71%)	英国(26.65%)	美国(27.08%)	美国(28.04%)	美国(34.30%)	美国(36.34%)	美国(35.81%)	美国(32.41%)
	美国(23.72%)	美国(22.49%)	英国(23.80%)	英国(22.82%)	英国(21.28%)	荷兰(14.18%)	荷兰(17.17%)	荷兰(19.05%)
	日本(20.27%)	日本(16.20%)	日本(15.19%)	日本(13.93%)	日本(13.27%)	日本(11.89%)	日本(10.85%)	日本(9.66%)

续表

产品名称	2016 年	2017 年	2018 年	2019 年	2020 年	2021 年	2022 年	2023 年
医疗器械	美国(33.63%)	美国(32.79%)	美国(42.30%)	美国(40.50%)	美国(36.14%)	美国(33.89%)	美国(30.68%)	美国(31.16%)
	日本(8.63%)	日本(9.26%)	日本(7.19%)	日本(7.39%)	日本(6.81%)	日本(7.70%)	荷兰(7.13%)	荷兰(8.01%)
	新加坡(5.99%)	德国(6.33%)	德国(5.69%)	荷兰(7.31%)	荷兰(6.6%)	荷兰(6.55%)	德国(6.75%)	日本(7.64%)
医疗家具	美国(51.68%)	美国(53.23%)	美国(45.12%)	美国(49.47%)	美国(52.8%)	美国(48.87%)	美国(46.42%)	美国(36.82%)
	日本(6.81%)	加拿大(5.13%)	德国(8.38%)	德国(9.42%)	德国(9.93%)	德国(10.28%)	德国(12.78%)	德国(15.43%)
	德国(4.22%)	德国(4.94%)	日本(5.02%)	日本(3.47%)	加拿大(3.66%)	加拿大(3.86%)	加拿大(4.27%)	加拿大(4.80%)

资料来源:根据中国海关数据整理。

2. 对美国和德国的进口依赖度高,可替代性较差

图 2.12 给出了 2023 年上海生物医药产业的进口状况。从图中可以观察到,

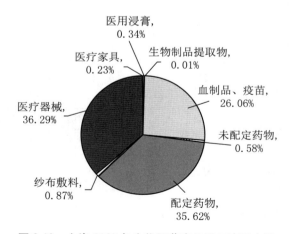

图 2.12 上海 2023 年生物医药产业进口产品占比

资料来源:根据中国海关数据整理。

医疗器械和配定药物占比达到 36.28% 和 35.62%，其次是血制品、疫苗。

表 2.6　上海生物医药产业进口来源地排名及占比 (2016—2023 年)

产品名称	2016 年	2017 年	2018 年	2019 年	2020 年	2021 年	2022 年	2023 年
医用浸膏	丹麦 (27.97%)	丹麦 (17.25%)	丹麦 (16.34%)	印度尼西亚 (20.81%)	印度尼西亚 (19.19%)	印度尼西亚 (11.43%)	西班牙 (13.63%)	意大利 (12.53%)
	巴西 (16.70%)	意大利 (15.78%)	印度尼西亚 (15.20%)	墨西哥 (11.88%)	墨西哥 (11.69%)	美国 (11.00%)	印度 (12.94%)	墨西哥 (12.43%)
	美国 (12.75%)	美国 (14.13%)	意大利 (14.15%)	丹麦 (11.75%)	丹麦 (10.63%)	丹麦 (10.57%)	印度尼西亚 (12.65%)	韩国 (9.53%)
生物制品提取物	美国 (91.65%)	美国 (86.29%)	美国 (97.03%)	美国 (75.49%)	英国 (46.80%)	美国 (74.16%)	美国 (90.99%)	美国 (76.80%)
	日本 (7.95%)	韩国 (7.39%)	韩国 (1.96%)	英国 (23.49%)	美国 (26.60%)	法国 (23.94%)	英国 (4.85%)	德国 (9.40%)
	法国 (0.35%)	德国 (3.21%)	日本 (0.69%)	日本 (0.31%)	俄罗斯 (11.76%)	瑞士 (0.92%)	澳大利亚 (1.45%)	英国 (5.71%)
血制品、疫苗	德国 (42.48%)	德国 (40.77%)	德国 (39.10%)	德国 (39.79%)	德国 (46.82%)	德国 (34.72%)	美国 (27.77%)	瑞士 (27.06%)
	美国 (26.95%)	美国 (25.64%)	美国 (28.18%)	美国 (27.82%)	美国 (25.29%)	美国 (29.11%)	德国 (27.71%)	美国 (24.96%)
	爱尔兰 (8.11%)	瑞士 (9.73%)	爱尔兰 (9.48%)	瑞士 (11.46%)	瑞士 (9.97%)	瑞士 (11.93%)	瑞士 (21.61%)	德国 (18.95%)
未配定药物	意大利 (97.04%)	意大利 (93.50%)	意大利 (95.68%)	意大利 (95.83%)	意大利 (94.37%)	意大利 (98.49%)	意大利 (99.32%)	意大利 (99.13%)
	印度 (1.56%)	日本 (5.41%)	日本 (3.06%)	日本 (2.66%)	日本 (3.83%)	日本 (0.68%)	印度 (0.55%)	印度 (0.85%)
	丹麦 (1.20%)	韩国 (0.66%)	美国 (0.68%)	印度 (0.84%)	印度 (0.85%)	印度 (0.40%)	丹麦 (0.00%)	丹麦 (0.01%)

续表

产品名称	2016 年	2017 年	2018 年	2019 年	2020 年	2021 年	2022 年	2023 年
配定药物	德国(29.28%)	德国(28.91%)	德国(24.59%)	德国(31.88%)	德国(26.18%)	德国(24.84%)	德国(26.88%)	德国(22.90%)
	瑞士(12.51%)	澳大利亚(10.42%)	澳大利亚(12.57%)	澳大利亚(13.37%)	意大利(14.49%)	意大利(17.32%)	意大利(14.89%)	意大利(13.80%)
	澳大利亚(12.14%)	瑞士(10.27%)	瑞士(9.14%)	意大利(10.33%)	法国(8.83%)	日本(9.75%)	法国(9.52%)	美国(10.32%)
纱布敷料	美国(43.97%)	美国(38.85%)	美国(37.94%)	美国(40.47%)	美国(37.01%)	美国(41.80%)	美国(37.52%)	美国(39.87%)
	德国(15.02%)	德国(13.67%)	德国(14.46%)	德国(15.55%)	芬兰(14.06%)	德国(14.69%)	德国(18.76%)	德国(17.80%)
	芬兰(11.79%)	芬兰(11.06%)	英国(11.58%)	芬兰(11.43%)	德国(13.88%)	芬兰(11.32%)	芬兰(10.55%)	芬兰(13.40%)
医疗器械	美国(30.54%)	美国(29.21%)	美国(29.91%)	美国(28.85%)	美国(27.67%)	美国(23.43%)	美国(23.52%)	美国(23.49%)
	德国(18.67%)	德国(16.71%)	德国(17.85%)	德国(16.86%)	德国(16.45%)	墨西哥(19.56%)	墨西哥(20.08%)	墨西哥(19.23%)
	日本(15.16%)	日本(14.92%)	墨西哥(14.39%)	墨西哥(14.83%)	墨西哥(15.80%)	德国(16.31%)	德国(14.95%)	德国(15.11%)
医疗家具	德国(42.30%)	德国(43.55%)	德国(40.57%)	德国(38.65%)	德国(41.52%)	德国(45.06%)	德国(51.32%)	德国(46.05%)
	美国(22.40%)	美国(22.95%)	美国(26.49%)	美国(17.82%)	美国(25.41%)	美国(19.00%)	美国(16.89%)	美国(12.95%)
	中国台湾(9.74%)	中国台湾(7.16%)	中国台湾(6.24%)	英国(8.76%)	英国(6.53%)	英国(7.78%)	英国(10.40%)	英国(8.55%)

资料来源:根据中国海关数据整理。

表 2.6 给出了 2016—2023 年上海生物医药各产品前三大进口来源地的变动

情况。

在医用浸膏的进口市场，上海对医用浸膏的进口来源地较分散，对进口占比第一的国家占比从 2016 年的 27.97％降至 2023 年的 12.53％，表明医用浸膏进口的可替代性较好，产业链供应链风险较低。在生物制品提取物的进口市场，上海从美国进口占比居高不下，常年超过 70％，上海生物制品提取物对美国的进口依赖度极大。但近年来上海从美国进口占比有所降低，对美国进口依赖度有所下降。在血制品、疫苗的进口市场，美国与德国常年居于上海进口来源地前两位，但是占比呈逐年下降的趋势，说明上海的血制品、疫苗的进口在一定程度上依赖德国和美国，但依赖程度逐年减弱。在未配定药物的进口市场，上海从意大利进口未配定药物占比高达 95％左右，对意大利的进口依赖度极大。这意味着一旦意大利未配定药物的产业链供应链出现断裂，将会给上海的未配定药物进口带来极大的风险。在配定药物的进口市场，德国是上海主要的进口来源地，位居进口来源地第一，一些欧盟国家如瑞士、意大利、法国等也位居进口来源地前三，表明上海配定药物进口主要依赖欧盟国家。在纱布敷料的进口市场，美国、德国、芬兰是上海的主要进口来源地，常年占据前三的位置，可替代性差。在医疗器械的进口市场，上海进口来源地主要是美国、德国、墨西哥。上海医疗器械的进口依赖度整体上呈逐年下降的趋势，美国进口占比从 2016 年的 30.54％降到 2023 年的 23.49％，德国进口占比从 2016 年的 18.67％降到 2023 年的 15.11％，可替代性逐步增强。在医疗家具的进口市场，德国占据上海进口来源地的第一，且进口占比有逐年上升的趋势，可替代性差，值得关注。

2.2.3　人工智能产业

出口方面，上海人工智能产业除无人机外，主要产品出口集中度较低，可替代性强。进口方面，上海市主要进口来自德国、美国、日本的产品。近年来，上海在传感器和机器人等产品上进口依赖度有下降和替代趋势，自主可控能力不断提升。

1. 出口市场集中度低,替代性较强

图 2.13 给出了上海 2023 年人工智能产业主要产品的出口情况。由图可知,AI 芯片出口占比为 94%,其次是智能机器人和压力传感器。从上海人工智能产业的出口来看,除 AI 芯片为转口贸易外,其余产品依赖程度相对较低,替代性较强。

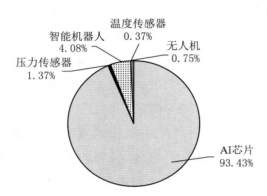

图 2.13　上海 2023 年人工智能产业出口产品占比

资料来源:根据中国海关数据整理。

表 2.7 统计了 2019—2023 年上海人工智能产业出口目的地的变动情况。可以看出,除无人机外,其他产品的主要出口目的地相对稳定。其中,AI 芯片、温度传感器和无人机第一大出口目的地占比均在三分之一。温度传感器对美国的出口占比较大,可替代性弱。压力传感器、智能机器人出口目的地相对分散,对单一国家或地区的依赖性弱。

表 2.7　上海人工智能产业出口目的地排名及占比(2019—2023 年)

产品名称	2019 年	2020 年	2021 年	2022 年	2023 年
AI 芯片	中国香港 (44.14%)	中国香港 (43.33%)	中国香港 (39.94%)	中国香港 (37.53%)	中国香港 (38.25%)
	中国台湾 (20.58%)	中国台湾 (25.86%)	中国台湾 (29.41%)	中国台湾 (26.53%)	中国台湾 (24.41%)
	新加坡 (10.57%)	新加坡 (7.47%)	韩国 (6.63%)	韩国 (6.86%)	日本 (6.95%)

续表

产品名称	2019 年	2020 年	2021 年	2022 年	2023 年
温度传感器	美国 （31.38%）	美国 （21.97%）	美国 （24.78%）	美国 （28.79%）	美国 （31.82%）
	印度 （7.16%）	荷兰 （12.47%）	荷兰 （7.91%）	荷兰 （7.90%）	韩国 （8.33%）
	日本 （6.07%）	韩国 （6.97%）	韩国 （7.18%）	韩国 （7.49%）	荷兰 （5.81%）
压力传感器	美国 （20.08%）	美国 （16.32%）	美国 （15.36%）	德国 （14.88%）	德国 （16.32%）
	德国 （9.53%）	德国 （11.91%）	德国 （14.77%）	美国 （14.27%）	美国 （11.13%）
	日本 （5.87%）	日本 （5.26%）	中国香港 （5.65%）	印度 （5.24%）	俄罗斯 （9.00%）
智能机器人	美国 （14.35%）	美国 （12.88%）	日本 （9.63%）	美国 （13.57%）	美国 （11.91%）
	中国香港 （10.72%）	日本 （9.63%）	美国 （9.45%）	日本 （7.79%）	日本 （7.70%）
	日本 （9.99%）	韩国 （6.24%）	俄罗斯 （5.61%）	韩国 （6.63%）	德国 （7.45%）
无人机	美国 （97.91%）	波兰 （32.94%）	斯里兰卡 （27.95%）	缅甸 （35.09%）	越南 （43.60%）
	印度尼西亚 （2.09%）	爱尔兰 （31.61%）	波兰 （15.06%）	新加坡 （31.18%）	中国香港 （28.17%）
	伊朗 （0.00%）	蒙古 （29.56%）	玻利维亚 （13.78%）	英国 （28.78%）	韩国 （26.87%）

资料来源：根据中国海关数据整理。

2. 高端芯片依赖进口

图 2.14 为 2023 年上海人工智能产业的进口产品占比。如图所示，AI 芯片仍然占据近 90% 的比例，其次是智能机器人。

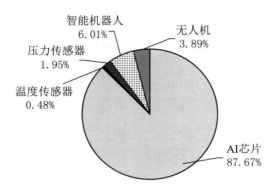

图 2.14 上海 2023 年人工智能产业进口产品占比

资料来源：根据中国海关数据整理。

表 2.8 统计了 2018—2023 年上海人工智能产业进口来源地的变动情况。在 AI 芯片进口市场，2018—2022 年，上海自中国台湾进口 AI 芯片比例不断提升，已经超过三分之一。2023 年，上海 AI 芯片超过三分之一进口自中国台湾，压力传感器近三分之一进口自德国，智能机器人近二分之一进口自日本，无人机主要集中于前三大进口来源地，说明进口依赖度较高，替代性较差。在温度传感器进口市场，2018 年上海自美国进口温度传感器位居首位，但在 2019 年被德国反超，产生替代，说明这一产品的替代性较强。在压力传感器、智能机器人、无人机的进口市场，上海对德国、日本、美的依赖度较高，但自美国进口比例总体下降，依赖度降低。但无人机进口占比 2022 年达到 81.21%，存在一定的依赖风险。

表 2.8 上海人工智能产业进口来源地排名及占比（2018—2023 年）

产品名称	2018 年	2019 年	2020 年	2021 年	2022 年	2023 年
AI 芯片	中国台湾（30.88%）	中国台湾（33.65%）	中国台湾（34.56%）	中国台湾（35.17%）	中国台湾（38.30%）	中国台湾（36.43%）
	韩国（19.18%）	韩国（16.76%）	韩国（17.62%）	韩国（18.40%）	韩国（21.23%）	韩国（16.95%）
	日本（16.29%）	日本（15.55%）	日本（13.78%）	日本（12.58%）	日本（10.88%）	日本（14.02%）

续表

产品名称	2018 年	2019 年	2020 年	2021 年	2022 年	2023 年
温度传感器	美国 （22.55％）	德国 （22.08％）	德国 （22.07％）	德国 （20.93％）	德国 （19.99％）	德国 （21.57％）
	德国 （19.76％）	美国 （18.48％）	美国 （18.28％）	美国 （10.23％）	美国 （17.71％）	美国 （18.30％）
	日本 （12.50％）	日本 （11.85％）	日本 （10.69％）	日本 （8.97％）	日本 （8.63％）	日本 （9.00％）
压力传感器	德国 （33.24％）	德国 （32.53％）	德国 （32.99％）	德国 （30.44％）	德国 （27.94％）	德国 （27.80％）
	美国 （16.80％）	美国 （14.57％）	美国 （13.93％）	日本 （13.41％）	美国 （15.39％）	美国 （13.54％）
	日本 （11.40％）	日本 （11.53％）	日本 （11.42％）	美国 （12.83％）	日本 （12.70％）	日本 （13.50％）
智能机器人	日本 （33.79％）	日本 （32.22％）	日本 （35.73％）	日本 （42.29％）	日本 （44.15％）	日本 （44.41％）
	德国 （20.66％）	德国 （24.22％）	德国 （20.85％）	德国 （18.58％）	德国 （17.45％）	德国 （18.76％）
	美国 （11.41％）	美国 （10.03％）	美国 （9.91％）	美国 （10.23％）	美国 （11.89％）	美国 （10.11％）
无人机	美国 （67.91％）	美国 （66.12％）	美国 （61.50％）	德国 （50.65％）	美国 （81.21％）	法国 （41.24％）
	法国 （21.95％）	法国 （29.80％）	德国 （20.66％）	法国 （29.42％）	法国 （10.62％）	美国 （34.64％）
	德国 （6.59％）	德国 （2.15％）	法国 （17.04％）	美国 （18.64％）	德国 （8.17％）	德国 （24.12％）

资料来源：根据中国海关数据整理。

2.2.4 电子信息产业

1. 出口目的地分布相对集中

如图 2.15 所示,2023 年上海电子信息产业中通信设备出口占比最高,达到 86%,其次是电子仪器设备。总体来看,上海电子信息产业出口产品较为集中。

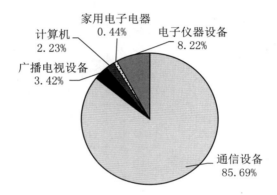

图 2.15 上海 2023 年电子信息产业出口产品占比

资料来源:根据中国海关数据整理。

如表 2.9 所示,从电子信息产业细分产品来看,2022—2023 年上海市电子信息产业出口目的地前几位几乎没有改变,主要集中在美国、日本等发达国家,对这些市场的出口依赖度较高。其中,2023 年上海向美国出口通信设备占比为 35.20%,与出口占比第二位的荷兰相差较大,意味着上海通信设备出口容易受到美国市场影响,在中美关系相对比较不稳定的背景下,出口到美国的市场容易被阻碍,需要引起重视。总的来说,上海电子信息产业出口市场分布集中,一方面可巩固现有比较稳定的市场,选择出口到国内市场环境相对稳定的国家;另一方面还应积极寻找其他可替代市场,增强自身抵抗风险能力。

表2.9 上海电子信息产业出口地排名及占比(2022—2023年)

产品名称	2023年		2022年	
	国家或地区	出口占比	国家或地区	出口占比
通信设备	美国	35.20%	美国	39.75%
	荷兰	7.54%	荷兰	8.63%
	日本	5.91%	日本	7.39%
广播电视设备	印度	12.49%	中国台湾	17.24%
	美国	10.99%	日本	14.65%
	日本	9.52%	美国	8.58%
计算机	美国	18.76%	美国	32.11%
	加拿大	6.36%	加拿大	5.89%
	土耳其	6.12%	英国	4.80%
家用电子电器	中国台湾	16.20%	日本	10.22%
	日本	10.03%	美国	9.35%
	俄罗斯	7.29%	中国台湾	9.35%
电子仪器设备	美国	11.91%	美国	13.57%
	日本	7.70%	日本	7.79%
	德国	7.45%	韩国	6.63%

资料来源：根据中国海关数据整理。

2. 进口来源地高度集中且产生持续依赖

如图2.16所示，2023年上海电子信息产业进口产品主要为电子仪器设备，占比近一半；其次是通信设备和广播电视设备。

如表2.10所示，从电子信息产业各细分产品来看，2022—2023年上海电子信息产业的进口来源地集中在越南、日本和中国台湾等，前几位几乎没有发生变化，说明上海对这些进口来源地存在持续性依赖。其中，2023年上海从越南进口广播电视设备占比为52.76%，虽然较上年有所下降，但进口来源地结构相对单一，进口通路容易被"掐断"。进口来源地高度集中的问题值得警惕，上海可通过寻找可替代国,增加产品来源,或提前在国内布局生产,以避免遭到限制。

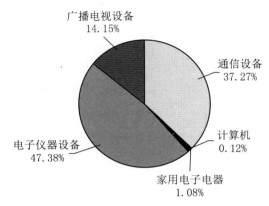

图 2.16 上海 2023 年电子信息产业进口产品份额

资料来源:根据中国海关数据整理。

表 2.10 上海电子信息产业进口来源地排名及占比(2022—2023 年)

产品名称	2023 年		2022 年	
	国家或地区	进口占比	国家或地区	进口占比
通信设备	越南	34.02%	越南	47.42%
	中国台湾	13.26%	中国台湾	10.39%
	韩国	12.18%	韩国	9.71%
广播电视设备	越南	52.76%	越南	62.24%
	中国台湾	18.76%	中国台湾	13.84%
	日本	5.81%	日本	5.89%
计算机	以色列	39.10%	中国台湾	28.30%
	中国台湾	24.39%	以色列	22.27%
	韩国	8.58%	墨西哥	14.98%
家用电子电器	日本	30.39%	日本	29.88%
	德国	16.32%	美国	13.66%
	瑞士	11.04%	德国	13.04%

续表

产品名称	2023 年		2022 年	
	国家或地区	进口占比	国家或地区	进口占比
电子仪器设备	日本	44.41%	日本	44.15%
	德国	18.76%	德国	17.45%
	美国	10.11%	美国	11.89%

资料来源：根据中国海关数据整理。

2.2.5　新能源汽车产业

1. 新能源汽车零部件出口国别较单一，容易受到外部影响

如图 2.17 所示，2023 年上海新能源汽车产业出口产品主要是汽车零件，其次是充电桩，产品较为集中。

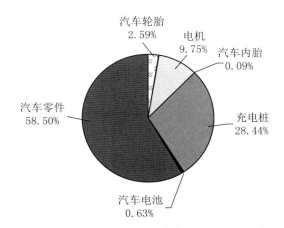

图 2.17　上海 2023 年新能源汽车产业出口产品占比

资料来源：根据中国海关数据整理。

如表 2.11 所示，从上海新能源汽车产业产品出口目的地分布情况来看，2022—2023 年电机和汽车零件主要销往美国，但充电桩和汽车电池的出口从美国

转向了德国、中国香港等地。其中,2023 年上海新能源汽车产业出口占比排名前三的国家或地区均未超过 50%,说明出口市场相对较多;前三大出口地之间的占比差距相对较小,意味着各市场间能够相互替代。但第一大出口国还是美国,说明美国汽车零部件市场对上海新能源汽车产业出口较为重要。

表 2.11　上海新能源汽车产业出口目的地排名及占比(2022—2023 年)

产品名称	2023 年		2022 年	
	国家或地区	出口占比	国家或地区	出口占比
汽车轮胎	俄罗斯	17.14%	澳大利亚	9.32%
	中国台湾	12.38%	中国台湾	9.21%
	沙特阿拉伯	7.50%	美国	8.35%
汽车内胎	美国	16.32%	墨西哥	11.46%
	墨西哥	13.94%	日本	11.03%
	日本	10.89%	美国	10.45%
电机	美国	10.09%	美国	13.94%
	意大利	7.55%	意大利	10.68%
	德国	7.29%	日本	7.25%
充电桩	德国	11.27%	美国	11.63%
	中国香港	11.27%	中国香港	8.19%
	美国	11.14%	德国	8.14%
汽车电池	阿联酋	11.67%	美国	22.22%
	波多黎各	11.41%	阿联酋	8.75%
	中国香港	9.37%	索马里	6.32%
汽车零件	美国	23.34%	美国	22.33%
	日本	11.13%	日本	9.45%
	德国	7.39%	德国	8.90%

资料来源:根据中国海关数据整理。

2. 部分零件进口集中度高，汽车零件进口易受冲击

如图 2.18 所示，2023 年上海新能源汽车产业进口产品主要为汽车零件、充电桩、电机，整体较为均匀且分散。

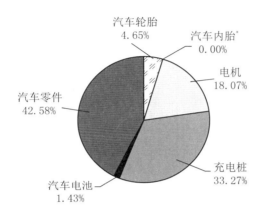

图 2.18　上海 2023 年新能源汽车产业进口产品占比

注：汽车内胎占比为 0.004 0％。

资料来源：根据中国海关数据整理。

如表 2.12 所示，从上海新能源汽车产业进口来源地分布情况看，2022—2023 年新能源汽车所需的汽车内胎、汽车电池的进口来源地集中度较高。尤其是汽车内胎领域，2022 年从意大利进口占比为 33.86％，前三大进口来源地占比总和超过 70％，进口集中度高，容易遭受断供影响。2023 年这一比例持续提高，前三大进口来源地占比总和已经超过 80％。在汽车电池的进口市场，2022 年上海从印度尼西亚和日本进口占比分别达到 43.20％和 27.95％。2022—2023 年，进口占比排名前两位的国家占比总和都超过 70％，进口来源相对集中。在电机和充电桩市场，无论是 2022 年还是 2023 年，上海主要的进口来源地都是日本，说明这两种零部件的进口对日本具有高依赖度。

2022—2023 年，上海新能源汽车产业进口来源地前几位几乎没有改变，主要集中在泰国、意大利、日本、印度尼西亚和美国等地，说明对这些国家的进口依赖性较强。尽管企业可以采取加快储备进口零部件（如上汽通用、上汽乘用车）、加快国

产替代(如特斯拉动力电池电芯供应商正在由美国松下转向南京 LG 和福建宁德时代,争取早日实现 100% 本土化率)、协调其他海外供应商生产等应对措施,但如果不未雨绸缪,后续国产替代仍面临较大不确定性。

表 2.12   上海新能源汽车产业进口来源地排名及占比(2022—2023 年)

产品名称	2023 年		2022 年	
	国家或地区	进口占比	国家或地区	进口占比
汽车轮胎	泰国	28.08%	泰国	31.64%
	日本	11.19%	日本	12.63%
	美国	10.14%	韩国	10.80%
汽车内胎	塞尔维亚	48.38%	意大利	33.86%
	泰国	27.27%	泰国	29.76%
	巴西	6.29%	德国	13.88%
电机	日本	18.56%	日本	21.90%
	德国	15.43%	德国	17.37%
	泰国	12.01%	泰国	9.51%
充电桩	日本	20.69%	日本	19.24%
	德国	12.57%	德国	9.30%
	美国	8.30%	马来西亚	7.52%
汽车电池	印度尼西亚	42.43%	印度尼西亚	43.20%
	日本	30.00%	日本	27.95%
	新加坡	10.14%	新加坡	12.61%
汽车零件	德国	16.22%	德国	17.73%
	墨西哥	15.23%	日本	13.64%
	美国	13.01%	美国	13.52%

资料来源:根据中国海关数据整理。

2.2.6　高端装备产业

本章研究选取了五个典型高端装备产品作为上海高端装备产业的研究对象，包括激光加工机床、离子弧焊接机器、无线电导航设备、数控装置和铁道固定装置等。根据图 2.19，从上海 2023 年高端装备产业主要产品的出口状况看，数控装置是上海对外出口的首要产品，占比接近 70%，高端装备产业出口产品较为集中。其次是离子弧焊接机器和无线电导航设备，占比均超过 10%；而激光加工机床和铁道固定装置所占份额较小。

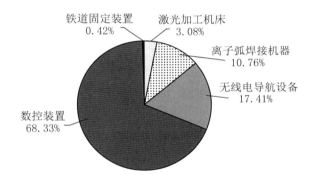

图 2.19　上海 2023 年高端装备产业出口产品占比

资料来源：根据中国海关数据整理。

1. 出口目的地集中度低，存在替代市场

如表 2.13 所示，2017—2023 年从上海高端装备产业典型产品前五大出口目的地的出口占比来看，高端装备出口目的地集中度较低，第一大出口国出口占比不超过 30%。从结构来看，除铁道固定装置类产品出口目的地逐步向亚洲区域集中以外，上海高端装备出口目的地主要集中在美国和日本等发达国家，且较为稳定，意味着上海高端装备产业出口容易受到美国、日本两国市场的影响。值得注意的是，上海高端装备产业部分产品对巴西等发展中国家的出口份额逐渐上升，2023 年巴西成为激光加工机床的第二大出口目的地、无线电导航设备的第五大出口目的地，能够在一定程度上替代美国和日本市场。从前五大出口目的地占比的变动趋势来看,除了集中于亚洲区域的铁道固定装置类产品,其余四类高端装备的前五大出口来源地占比在 2018 年均出现了不同程度的下降。其中,激光加工机床和离子弧焊接机器类产品前五大出口目的地占比在 2019 年后较快恢复正常水平,但无线电导航设备和数控装置类产品前五大出口目的地占比持续下降。这一方面源于上海高端装备产业的出口受阻,另一方面也反映出上海正积极尝试降低对美国、日本等国的出口依赖。

表 2.13 上海高端装备产业前五大出口目的地排名及占比(2017—2023 年)

产品名称	2017 年	2018 年	2019 年	2020 年	2021 年	2022 年	2023 年
激光加工机床	日本 (14.15%)	美国 (16.43%)	美国 (13.56%)	美国 (18.11%)	美国 (23.41%)	美国 (28.79%)	美国 (25.29%)
	美国 (13.07%)	中国香港 (11.16%)	越南 (6.55%)	日本 (6.46%)	韩国 (6.09%)	俄罗斯 (7.10%)	巴西 (9.79%)
	韩国 (5.29%)	韩国 (8.33%)	韩国 (6.49%)	韩国 (6.26%)	巴西 (5.10%)	巴西 (6.74%)	俄罗斯 (8.36%)
	法国 (5.11%)	中国台湾 (7.96%)	印度 (5.86%)	越南 (5.25%)	泰国 (4.47%)	韩国 (4.17%)	印度 (4.70%)
	马来西亚 (5.00%)	印度 (5.52%)	巴西 (5.31%)	中国台湾 (4.45%)	日本 (4.36%)	日本 (4.13%)	澳大利亚 (4.43%)
离子弧焊接机器	美国 (17.44%)	美国 (16.90%)	美国 (12.47%)	美国 (18.26%)	美国 (20.69%)	美国 (19.27%)	美国 (16.53%)
	俄罗斯 (12.28%)	俄罗斯 (9.75%)	俄罗斯 (10.17%)	俄罗斯 (10.41%)	俄罗斯 (9.98%)	俄罗斯 (9.35%)	俄罗斯 (12.59%)
	巴西 (4.69%)	印度 (5.67%)	墨西哥 (5.44%)	墨西哥 (5.82%)	墨西哥 (7.01%)	澳大利亚 (5.38%)	墨西哥 (6.33%)
	澳大利亚 (4.20%)	澳大利亚 (5.40%)	法国 (5.15%)	澳大利亚 (4.92%)	巴西 (4.52%)	巴西 (5.38%)	印度 (5.84%)
	印度 (4.05%)	日本 (4.54%)	印度 (4.87%)	巴西 (4.05%)	澳大利亚 (4.46%)	墨西哥 (5.33%)	巴西 (4.65%)

续表

产品名称	2017 年	2018 年	2019 年	2020 年	2021 年	2022 年	2023 年
无线电导航设备	日本（25.30%）	日本（24.53%）	日本（23.06%）	日本（31.82%）	日本（25.74%）	日本（26.21%）	日本（20.73%）
	荷兰（14.85%）	荷兰（16.24%）	荷兰（14.29%）	美国（15.45%）	美国（20.49%）	美国（15.21%）	德国（12.38%）
	美国（8.33%）	美国（9.68%）	美国（14.15%）	荷兰（9.67%）	德国（7.78%）	德国（8.67%）	美国（7.55%）
	法国（6.74%）	法国（8.74%）	法国（7.04%）	德国（7.35%）	荷兰（5.51%）	荷兰（4.81%）	荷兰（5.53%）
	德国（6.26%）	巴西（6.74%）	巴西（6.08%）	英国（4.92%）	英国（4.47%）	泰国（3.89%）	巴西（4.84%）
数控装置	日本（19.16%）	美国（19.89%）	美国（21.79%）	美国（22.20%）	美国（20.69%）	美国（17.13%）	美国（12.24%）
	美国（17.52%）	日本（17.55%）	日本（15.25%）	日本（11.68%）	日本（11.03%）	日本（10.86%）	德国（9.08%）
	韩国（6.06%）	韩国（5.83%）	泰国（6.23%）	韩国（7.02%）	泰国（6.03%）	德国（6.05%）	日本（9.08%）
	泰国（5.03%）	泰国（5.67%）	韩国（5.98%）	泰国（5.27%）	韩国（5.81%）	韩国（5.38%）	韩国（5.63%）
	印度（3.29%）	中国香港（4.63%）	印度尼西亚（3.99%）	德国（4.68%）	德国（4.78%）	泰国（4.75%）	泰国（4.63%）
铁道固定装置	中国香港（27.88%）	中国香港（18.99%）	新加坡（30.10%）	中国香港（38.48%）	中国香港（24.37%）	中国台湾（15.64%）	孟加拉国（18.12%）
	中国台湾（18.00%）	泰国（14.34%）	泰国（16.81%）	日本（10.17%）	中国台湾（19.18%）	中国香港（12.86%）	哈萨克斯坦（15.02%）
	日本（14.29%）	新加坡（13.28%）	中国香港（10.85%）	新加坡（8.47%）	日本（10.53%）	荷兰（10.22%）	荷兰（13.58%）
	澳大利亚（13.48%）	日本（9.92%）	日本（6.65%）	哈萨克斯坦（7.36%）	哈萨克斯坦（9.94%）	孟加拉国（10.10%）	坦桑尼亚（11.15%）
	英国（7.22%）	中国台湾（9.29%）	中国台湾（5.97%）	中国台湾（6.47%）	印度尼西亚（4.97%）	日本（7.65%）	日本（7.72%）

资料来源：根据中国海关数据整理。

2. 进口来源地高度集中于发达经济体

从前五大进口来源地占比变动趋势来看,大部分产品较为稳定,但无线电导航设备类产品的前五大进口来源地占比呈总体下降趋势,说明在关系国家安全的雷达和无线电设备领域,上海降低进口依赖度的努力卓有成效。如表 2.14 所示,从进口来源地看,2017—2023 年上海高端装备产业典型产品进口来源高度集中,前五大进口来源地占比总额常年高居 50% 以上,并且高度集中于日本、德国等发达经济体,替代市场较少,"断供"风险大。2023 年,上海自日本进口激光加工机床、自德国进口铁道固定装置的比例均超过 50%,说明上海高端装备产业对日本和欧洲等地的技术依赖程度仍然偏高。

表 2.14　上海高端装备产业前五大进口来源地排名及占比(2017—2023 年)

产品名称	2017 年	2018 年	2019 年	2020 年	2021 年	2022 年	2023 年
激光加工机床	日本 (31.06%)	日本 (45.57%)	日本 (39.18%)	日本 (49.95%)	日本 (59.75%)	日本 (60.38%)	日本 (54.96%)
	德国 (18.97%)	德国 (13.76%)	德国 (28.38%)	德国 (16.28%)	德国 (10.26%)	德国 (12.14%)	德国 (22.62%)
	美国 (12.62%)	美国 (12.08%)	美国 (9.28%)	美国 (9.53%)	中国台湾 (7.37%)	中国台湾 (5.65%)	美国 (6.91%)
	瑞士 (9.45%)	瑞士 (7.22%)	瑞士 (5.91%)	中国台湾 (6.97%)	泰国 (6.03%)	美国 (5.45%)	中国台湾 (5.66%)
	中国台湾 (7.77%)	中国台湾 (6.36%)	中国台湾 (5.11%)	瑞士 (3.22%)	美国 (5.78%)	新加坡 (3.82%)	泰国 (1.58%)
离子弧焊接机器	日本 (36.56%)	德国 (37.96%)	德国 (32.07%)	德国 (41.35%)	德国 (32.96%)	德国 (34.15%)	德国 (41.09%)
	德国 (27.43%)	日本 (22.30%)	日本 (23.72%)	日本 (20.27%)	日本 (15.35%)	日本 (14.31%)	日本 (15.68%)
	奥地利 (7.27%)	奥地利 (11.87%)	奥地利 (11.72%)	瑞士 (8.52%)	瑞士 (13.72%)	瑞士 (13.96%)	瑞士 (9.90%)
	美国 (6.27%)	美国 (7.03%)	美国 (7.72%)	奥地利 (7.67%)	奥地利 (11.05%)	奥地利 (12.30%)	奥地利 (9.79%)
	法国 (4.72%)	法国 (5.44%)	瑞士 (4.49%)	美国 (5.87%)	美国 (8.95%)	美国 (5.70%)	美国 (6.08%)

续表

产品名称	2017 年	2018 年	2019 年	2020 年	2021 年	2022 年	2023 年
无线电导航设备	越南(57.70%)	越南(24.47%)	美国(23.81%)	美国(24.37%)	美国(20.32%)	美国(19.33%)	美国(23.64%)
	德国(12.73%)	美国(17.85%)	越南(17.35%)	韩国(16.16%)	韩国(19.33%)	德国(16.28%)	德国(16.34%)
	中国台湾(8.96%)	韩国(17.18%)	韩国(13.28%)	德国(15.58%)	德国(17.74%)	韩国(13.14%)	越南(11.09%)
	美国(8.94%)	德国(16.56%)	德国(12.96%)	日本(9.74%)	日本(10.39%)	越南(12.33%)	日本(9.87%)
	日本(4.21%)	日本(9.05%)	中国台湾(7.32%)	越南(9.16%)	越南(6.84%)	日本(7.38%)	中国台湾(7.21%)
数控装置	日本(22.84%)	德国(21.96%)	德国(19.73%)	美国(23.79%)	日本(16.14%)	日本(18.56%)	德国(18.03%)
	德国(19.96%)	日本(19.48%)	日本(15.76%)	日本(14.42%)	德国(14.95%)	德国(13.98%)	日本(15.96%)
	美国(9.82%)	美国(10.74%)	美国(13.11%)	德国(14.07%)	美国(11.97%)	美国(9.79%)	美国(11.66%)
	瑞典(3.97%)	瑞典(4.22%)	奥地利(4.24%)	奥地利(4.33%)	中国台湾(6.02%)	奥地利(5.11%)	奥地利(4.64%)
	马来西亚(3.67%)	奥地利(3.65%)	瑞典(3.97%)	中国台湾(4.22%)	奥地利(5.44%)	中国台湾(4.07%)	瑞典(4.34%)
铁道固定装置	德国(31.60%)	保加利亚(26.04%)	德国(40.21%)	保加利亚(35.89%)	德国(58.07%)	德国(57.06%)	德国(52.54%)
	马来西亚(16.25%)	马来西亚(24.59%)	保加利亚(32.01%)	德国(24.47%)	意大利(20.36%)	意大利(32.61%)	马来西亚(27.95%)
	保加利亚(15.44%)	德国(18.04%)	意大利(16.15%)	意大利(21.11%)	马来西亚(9.33%)	马来西亚(5.02%)	意大利(17.50%)
	意大利(12.01%)	意大利(15.97%)	马来西亚(4.16%)	捷克(8.10%)	美国(3.70%)	新加坡(2.00%)	印度(1.72%)
	日本(10.29%)	日本(8.79%)	美国(1.96%)	土耳其(7.99%)	韩国(3.08%)	日本(1.81%)	捷克(0.08%)

资料来源：根据中国海关数据整理。

2.2.7 先进材料产业

本章研究选取了包括人造石墨、信号玻璃器、金属陶瓷、电池碳棒、光导纤维等五类典型先进材料产业产品,作为上海先进材料产业的研究对象。根据图 2.20,从上海 2023 年先进材料产业主要产品出口看,光导纤维是上海对外出口的首要产品,占比超过 50%;其次是人造石墨和电池碳棒,而信号玻璃器和金属陶瓷所占份额极小,先进材料产业出口产品较为集中。

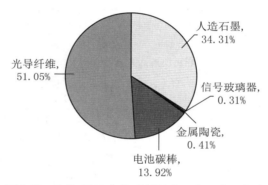

图 2.20 上海 2023 年先进材料产业出口产品占比

资料来源:根据中国海关数据整理。

1. 出口目的地集中度较高,结构变动剧烈

从出口目的地来看,上海先进材料产业出口目的地集中度较高,且出口目的地结构变动较为剧烈,呈现从发达经济体向发展中经济体转移的趋势。如表2.15 所示,从 2017—2023 年上海先进材料产业前五大出口目的地占比的变动趋势来看,人造石墨、信号玻璃器、金属陶瓷三类产品占比总和均长期维持在 70%以上,光导纤维类产品占比总和稳定在 50%以上,电池碳棒类产品占比总和围绕 50% 的水平呈现较大的波动。从上海前五大出口目的地的结构分布来看,2023 年人造石墨、信号玻璃器、金属陶瓷三类产品对美国的出口占比均超过30%。总体而言,上海先进材料产业的出口目的地集中度较高。受到中美贸易

摩擦影响，部分产品出口逐渐摆脱对美国、欧洲、韩国等发达经济体的高度依赖，向亚洲发展中经济体转移，特别是"一带一路"沿线国家成为新的增长点。依托"一带一路"，上海加强了对沙特阿拉伯、阿联酋、哈萨克斯坦等亚洲发展中经济体的出口，出口目的地的多样化程度和可替代性增强。2018年，中国和阿联酋签署了政府间共建"一带一路"谅解备忘录，此后中阿贸易往来逐步深化。2018年，阿联酋成为上海金属陶瓷产品的前五大出口目的地之一，2023年成为第二大出口国，占比达21.34%。

表2.15　上海先进材料产业前五大出口目的地排名及占比(2017—2023年)

产品名称	2017年	2018年	2019年	2020年	2021年	2022年	2023年
人造石墨	韩国 (36.12%)	韩国 (43.00%)	韩国 (48.83%)	韩国 (29.77%)	波兰 (46.38%)	波兰 (42.43%)	美国 (37.35%)
	马来西亚 (18.19%)	马来西亚 (14.32%)	印度尼西亚 (11.51%)	印度尼西亚 (22.94%)	韩国 (19.41%)	美国 (18.82%)	印度尼西亚 (20.83%)
	日本 (16.06%)	日本 (8.20%)	马来西亚 (10.56%)	波兰 (22.85%)	印度尼西亚 (18.54%)	印度尼西亚 (13.68%)	韩国 (14.63%)
	印度尼西亚 (12.55%)	印度尼西亚 (6.51%)	波兰 (8.18%)	马来西亚 (7.76%)	马来西亚 (4.88%)	韩国 (13.25%)	波兰 (13.54%)
	美国 (4.24%)	美国 (5.93%)	美国 (6.38%)	美国 (6.90%)	美国 (3.86%)	马来西亚 (4.46%)	马来西亚 (4.21%)
信号玻璃器	美国 (64.85%)	德国 (38.19%)	中国台湾 (33.77%)	韩国 (40.91%)	韩国 (29.53%)	美国 (26.88%)	美国 (32.51%)
	芬兰 (16.04%)	韩国 (16.91%)	韩国 (27.18%)	中国台湾 (25.49%)	美国 (24.96%)	韩国 (26.60%)	韩国 (24.64%)
	中国台湾 (6.67%)	中国台湾 (13.86%)	美国 (10.26%)	印度 (8.47%)	印度 (20.05%)	印度 (23.99%)	中国台湾 (10.51%)
	德国 (3.90%)	芬兰 (10.69%)	印度 (5.30%)	泰国 (5.86%)	中国台湾 (11.97%)	中国台湾 (8.52%)	印度 (10.02%)
	日本 (2.59%)	巴基斯坦 (5.28%)	巴西 (5.12%)	巴西 (3.93%)	德国 (4.14%)	巴西 (2.52%)	英国 (7.71%)

续表

产品名称	2017 年	2018 年	2019 年	2020 年	2021 年	2022 年	2023 年
金属陶瓷	奥地利（60.36%）	奥地利（40.53%）	美国（47.54%）	美国（37.73%）	沙特阿拉伯（40.48%）	沙特阿拉伯（51.64%）	美国（45.48%）
	美国（7.26%）	美国（21.00%）	奥地利（22.67%）	阿联酋（11.22%）	美国（15.81%）	美国（22.09%）	阿联酋（21.34%）
	日本（6.27%）	阿联酋（6.02%）	阿联国（8.22%）	奥地利（10.42%）	阿联酋（12.20%）	阿联酋（13.77%）	奥地利（12.80%）
	马来西亚（3.88%）	韩国（5.84%）	日本（3.65%）	德国（9.31%）	奥地利（12.02%）	奥地利（6.98%）	俄罗斯（5.54%）
	中国台湾（3.73%）	中国香港（5.74%）	德国（3.17%）	韩国（9.25%）	新加坡（6.04%）	俄罗斯（1.12%）	越南（2.42%）
电池碳棒	美国（12.50%）	中国台湾（10.72%）	马来西亚（66.68%）	马来西亚（21.49%）	美国（9.48%）	哈萨克斯坦（14.64%）	哈萨克斯坦（21.92%）
	中国台湾（11.73%）	意大利（7.59%）	韩国（2.60%）	美国（6.10%）	俄罗斯（8.72%）	美国（13.10%）	韩国（10.82%）
	荷兰（8.86%）	日本（7.05%）	中国台湾（2.38%）	中国台湾（3.94%）	中国台湾（6.44%）	俄罗斯（7.67%）	日本（7.96%）
	越南（7.94%）	美国（6.67%）	俄罗斯（1.71%）	俄罗斯（3.76%）	中国香港（5.02%）	日本（6.13%）	美国（7.35%）
	日本（6.60%）	越南（5.81%）	荷兰（1.59%）	中国香港（3.14%）	土耳其（4.87%）	中国香港（4.43%）	沙特阿拉伯（5.04%）
光导纤维	美国（20.87%）	美国（23.16%）	美国（20.82%）	越南（20.55%）	美国（27.42%）	美国（20.65%）	美国（21.38%）
	韩国（11.16%）	韩国（11.04%）	越南（8.95%）	美国（19.06%）	越南（16.42%）	韩国（14.49%）	韩国（13.00%）
	越南（9.25%）	中国香港（8.60%）	韩国（7.65%）	韩国（9.04%）	韩国（7.41%）	越南（8.34%）	法国（5.81%）
	日本（8.58%）	日本（8.04%）	日本（7.27%）	日本（6.25%）	日本（6.09%）	日本（7.40%）	日本（5.52%）
	中国香港（6.96%）	泰国（6.14%）	中国香港（6.90%）	中国香港（4.40%）	德国（3.75%）	德国（3.93%）	越南（4.82%）

资料来源：根据中国海关数据整理。

2. 进口来源地集中度高,可替代性弱

从进口来源地看,上海先进材料产业的进口来源地集中度相比高端装备产业更高,并且主要进口依赖国的结构性变动更小。如表 2.16 所示,2017—2023 年上海先进材料产业典型产品的前五大进口来源地占进口总额的比重常年维持在 80% 以上,尤其是信号玻璃器类产品几乎全部进口自前五大进口来源地,一旦其中一个或多个国家或地区无法进行产品供应,上海先进材料产业将面临巨大的断链风险。从进口来源地结构看,上海先进材料产业高度依赖于日本,日本常年为上海先进材料产业的第一大进口来源地。2023 年,上海从日本进口人造石墨、电池碳棒和光导纤维的比例均超过 30%,产业核心技术被日本控制,需要引起警惕。此外,美国、欧洲、马来西亚和中国台湾等地同样常年位列上海先进材料产业的前五大进口来源地,说明进口来源地结构性变动较小,可替代性弱。

表 2.16 上海先进材料产业前五大进口来源地排名及占比(2017—2023 年)

产品名称	2017 年	2018 年	2019 年	2020 年	2021 年	2022 年	2023 年
人造石墨	日本 (52.62%)	日本 (55.04%)	日本 (52.31%)	日本 (48.95%)	日本 (44.71%)	日本 (37.75%)	日本 (37.30%)
	瑞士 (13.88%)	德国 (11.90%)	瑞士 (13.96%)	瑞士 (21.94%)	瑞士 (28.80%)	瑞士 (33.22%)	瑞士 (24.11%)
	德国 (11.87%)	美国 (10.56%)	德国 (10.05%)	德国 (9.70%)	美国 (11.51%)	德国 (10.72%)	德国 (14.00%)
	美国 (9.79%)	瑞士 (9.78%)	美国 (9.38%)	美国 (7.31%)	德国 (5.84%)	美国 (10.58%)	美国 (13.58%)
	法国 (6.04%)	法国 (4.96%)	法国 (4.46%)	法国 (4.95%)	法国 (4.18%)	法国 (3.61%)	法国 (5.31%)
信号玻璃器	日本 (35.57%)	日本 (47.13%)	马来西亚 (36.79%)	马来西亚 (46.36%)	马来西亚 (43.20%)	德国 (37.88%)	德国 (69.65%)
	马来西亚 (27.86%)	马来西亚 (27.54%)	日本 (29.38%)	德国 (35.43%)	美国 (23.42%)	马来西亚 (24.58%)	美国 (13.22%)

续表

产品名称	2017 年	2018 年	2019 年	2020 年	2021 年	2022 年	2023 年
信号玻璃器	德国(15.31%)	德国(12.74%)	德国(23.42%)	日本(14.21%)	德国(19.91%)	日本(13.94%)	日本(8.27%)
	美国(13.79%)	美国(10.56%)	美国(5.93%)	美国(1.45%)	日本(9.62%)	美国(13.75%)	马来西亚(5.36%)
	中国台湾(5.54%)	中国台湾(1.49%)	俄罗斯(2.25%)	俄罗斯(0.98%)	俄罗斯(2.27%)	俄罗斯(8.54%)	俄罗斯(3.35%)
金属陶瓷	爱尔兰(42.26%)	日本(38.30%)	日本(34.77%)	日本(31.79%)	日本(36.18%)	德国(23.54%)	德国(32.61%)
	日本(31.50%)	爱尔兰(22.91%)	德国(24.90%)	德国(26.34%)	德国(18.80%)	日本(22.29%)	日本(20.95%)
	德国(10.64%)	美国(18.30%)	美国(18.94%)	加拿大(12.72%)	加拿大(11.21%)	加拿大(14.06%)	加拿大(14.57%)
	美国(10.59%)	德国(16.52%)	爱尔兰(8.80%)	韩国(11.91%)	韩国(9.64%)	美国(12.54%)	韩国(12.13%)
	中国台湾(2.91%)	西班牙(2.63%)	韩国(6.66%)	爱尔兰(9.73%)	美国(8.57%)	爱尔兰(10.12%)	越南(9.15%)
电池碳棒	日本(57.74%)	日本(63.11%)	日本(64.38%)	日本(60.92%)	日本(55.17%)	日本(61.24%)	日本(49.68%)
	美国(9.55%)	美国(9.78%)	美国(9.57%)	中国台湾(11.40%)	美国(15.11%)	美国(15.79%)	德国(26.50%)
	韩国(7.78%)	韩国(6.85%)	中国台湾(6.56%)	美国(7.26%)	德国(12.31%)	德国(9.50%)	美国(8.73%)
	中国台湾(7.40%)	中国台湾(5.72%)	韩国(4.22%)	韩国(5.27%)	奥地利(6.05%)	奥地利(3.76%)	奥地利(4.67%)
	爱尔兰(5.18%)	爱尔兰(4.17%)	爱尔兰(3.23%)	爱尔兰(3.24%)	中国台湾(2.51%)	韩国(1.76%)	意大利(2.32%)
光导纤维	日本(57.74%)	日本(63.11%)	日本(64.38%)	日本(60.92%)	日本(55.40%)	日本(55.74%)	日本(47.37%)
	美国(9.55%)	美国(9.78%)	美国(9.57%)	中国台湾(11.40%)	中国台湾(12.37%)	中国台湾(12.44%)	中国台湾(10.25%)

续表

产品名称	2017 年	2018 年	2019 年	2020 年	2021 年	2022 年	2023 年
光导纤维	韩国 (7.78%)	韩国 (6.85%)	中国台湾 (6.56%)	美国 (7.26%)	韩国 (9.33%)	韩国 (5.99%)	美国 (9.58%)
	中国台湾 (7.40%)	中国台湾 (5.72%)	韩国 (4.22%)	韩国 (5.27%)	美国 (6.39%)	美国 (5.87%)	韩国 (9.15%)
	爱尔兰 (5.18%)	爱尔兰 (4.17%)	爱尔兰 (3.23%)	爱尔兰 (3.24%)	爱尔兰 (4.09%)	泰国 (4.78%)	泰国 (6.35%)

资料来源：根据中国海关数据整理。

2.2.8　航空航天产业

　　本章研究选取了六个典型航空航天产业产品作为上海航空航天产业的研究对象，包括涡轮喷气发动机、其他航空发动机零件、航空器航天器及运载工具、航空器航天器零件、降落伞及其零件、航空器的发射装置等。其中，相对于涡轮喷气发动机、航空器航天器及其零件、航空器的发射装置等设备，其他航空发动机零件的技术水平相对较低。根据图 2.21，从上海 2023 年航空航天产业主要产品的出口状况

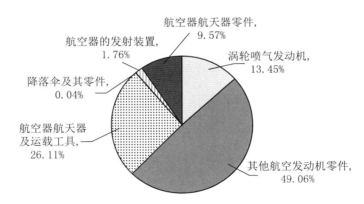

图 2.21　上海 2023 年航空航天产业出口产品占比

资料来源：根据中国海关数据整理。

看,其他航空发动机零件是上海对外出口的首要产品,占比接近 50%;其次是航空器航天器及运载工具,占比约为 26.11%;航空器航天器零件和涡轮喷气发动机的出口份额在 10% 左右;而航空器的发射装置、降落伞及其零件所占份额较小。上海在航空航天产业高端产品领域的技术实力仍然较为落后,产业竞争力亟待增强。

1. 高端产品出口目的地少,低端产品对美国依赖度高

如表 2.17 所示,从上海航空航天产业典型产品的出口目的地来看,2017—2023 年上海航空航天产业中高端产品出口目的地集中度极高,但结构性变动较大;低端产品出口目的地集中度相对较低,但总占比仍然维持在 50% 左右,高度依赖美国、欧洲等发达经济体。除其他航空发动机零件类产品外,上海航空航天产业典型产品的前五大出口目的地出口总额占比均长期维持在 70% 以上,航空器航天器及运载工具、降落伞及其零件和航空器的发射装置等高端航空航天产品的出口目的地甚至常年不超过五个,2023 年前五大出口目的地出口总额占比均接近 100%。然而,观察出口目的地结构可以发现,部分产品出口去向并不稳定,结构性变动大,但总体呈现从发达经济体向发展中经济体转移的趋势。2018 年后上海航空航天产业高端产品对美国的出口比例普遍出现了大幅下降。以航空航天器及运载工具为例。2018 年美国是上海的第一大出口国,但从 2019 年起掉出前五。部分原因在于 2018 年中美贸易摩擦以来,美国颁布多条法案对中国含有"重要工业技术"的产品加征关税,包括航空航天等产品;与此同时,上海对马来西亚、越南等发展中经济体的出口占比逐渐增加,2023 年航空器航天器及运载工具第一大出口国转变为越南,占比达 34.01%。

2017—2022 年,较为低端的其他航空发动机零件类产品前五大出口目的地出口总额占比在 50% 左右,并呈现逐年下降趋势,但随着新冠疫情影响的消退和中美关系的缓和,其他航空发动机零件的出口目的地集中度在 2023 年出现了反弹。长期以来,其他航空发动机零件类产品依赖于美国、欧洲、日本等发达经济体,尤其是 2017—2023 年第一大出口目的地均为美国,在中美经贸关系仍然存在不确定性的情况下,上海需要进一步寻找可替代市场,增强出口风险抵御能力。

表 2.17　上海航空航天产业前五大出口目的地排名及占比(2017—2023 年)

产品名称	2017 年	2018 年	2019 年	2020 年	2021 年	2022 年	2023 年
涡轮喷气发动机	美国 (37.66%)	德国 (25.07%)	美国 (31.28%)	美国 (38.20%)	美国 (35.58%)	美国 (20.80%)	德国 (41.06%)
	德国 (25.08%)	新加坡 (21.29%)	马来西亚 (14.76%)	阿联酋 (16.24%)	以色列 (13.29%)	德国 (16.93%)	美国 (12.32%)
	中国台湾 (7.41%)	美国 (17.80%)	日本 (10.81%)	印度尼西亚 (6.43%)	阿联酋 (12.11%)	中国香港 (16.30%)	中国台湾 (10.67%)
	巴林 (4.85%)	墨西哥 (9.13%)	中国香港 (8.96%)	中国香港 (6.33%)	孟加拉国 (6.90%)	中国台湾 (9.34%)	越南 (6.58%)
	中国香港 (4.39%)	荷兰 (7.28%)	泰国 (6.05%)	孟加拉国 (5.68%)	希腊 (4.99%)	韩国 (5.76%)	沙特阿拉伯 (4.07%)
其他航空发动机零件	美国 (42.07%)	美国 (32.56%)	美国 (26.94%)	美国 (22.15%)	美国 (14.48%)	美国 (15.60%)	美国 (31.61%)
	德国 (8.07%)	日本 (7.16%)	澳大利亚 (8.23%)	智利 (9.75%)	波兰 (12.58%)	澳大利亚 (11.50%)	日本 (14.56%)
	日本 (6.70%)	德国 (7.15%)	南非 (6.94%)	波兰 (5.99%)	芬兰 (7.29%)	日本 (7.03%)	澳大利亚 (8.50%)
	阿根廷 (4.57%)	澳大利亚 (5.35%)	日本 (5.69%)	南非 (4.56%)	意大利 (5.56%)	哥伦比亚 (6.18%)	德国 (6.11%)
	新加坡 (3.12%)	墨西哥 (3.47%)	阿根廷 (4.79%)	荷兰 (4.29%)	智利 (4.73%)	芬兰 (4.80%)	韩国 (4.07%)
航空器航天器及运载工具	葡萄牙 (77.68%)	美国 (97.91%)	波兰 (32.94%)	斯里兰卡 (27.95%)	越南 (40.32%)	缅甸 (35.09%)	越南 (34.01%)
	马来西亚 (14.03%)	印度尼西亚 (2.09%)	爱尔兰 (31.61%)	波兰 (15.06%)	美国 (29.79%)	新加坡 (31.18%)	中国香港 (21.98%)
	印度尼西亚 (6.55%)		蒙古 (29.56%)	玻利维亚 (13.78%)	菲律宾 (11.08%)	英国 (28.78%)	韩国 (20.96%)
	法国 (1.71%)		澳大利亚 (5.68%)	爱尔兰 (13.55%)	英国 (7.75%)	危地马拉 (3.97%)	印度尼西亚 (17.81%)
	中国香港 (0.02%)		中国台湾 (0.21%)	奥地利 (9.90%)	中国澳门 (7.29%)	美国 (0.96%)	刚果(金) (3.81%)

续表

产品名称	2017年	2018年	2019年	2020年	2021年	2022年	2023年
航空器航天器零件	美国(46.03%)	俄罗斯(40.41%)	中国香港(58.84%)	中国香港(58.28%)	法国(32.01%)	美国(77.31%)	美国(74.52%)
	中国香港(24.60%)	美国(17.73%)	美国(16.77%)	美国(10.47%)	美国(21.38%)	日本(10.18%)	俄罗斯(11.26%)
	法国(17.89%)	中国香港(14.53%)	德国(10.62%)	俄罗斯(8.05%)	德国(6.72%)	法国(4.53%)	日本(3.54%)
	俄罗斯(2.03%)	德国(6.63%)	新加坡(3.40%)	德国(6.34%)	日本(6.52%)	中国香港(3.28%)	法国(2.54%)
	德国(1.79%)	新加坡(5.69%)	法国(1.76%)	马来西亚(6.07%)	澳大利亚(5.18%)	德国(1.50%)	德国(1.41%)
降落伞及其零件	丹麦(62.50%)	丹麦(75.89%)	丹麦(95.70%)	丹麦(96.18%)	加纳(32.24%)	加纳(32.55%)	加纳(37.06%)
	伊朗(32.93%)	伊朗(22.72%)	捷克(3.38%)	波兰(3.82%)	尼日利亚(27.24%)	肯尼亚(15.19%)	丹麦(27.36%)
	澳大利亚(3.87%)	捷克(0.72%)	伊朗(0.92%)		丹麦(23.21%)	乌克兰(12.94%)	卢旺达(23.13%)
	捷克(0.70%)	塞尔维亚(0.67%)			捷克(17.31%)	丹麦(12.31%)	尼日利亚(10.54%)
						尼日利亚(10.53%)	美国(1.06%)
航空器的发射装置	美国(99.48%)	中国台湾(46.64%)	巴拿马(59.66%)	中国澳门(56.54%)	秘鲁(97.85%)	中国台湾(100.00%)	美国(99.15%)
	中国台湾(0.52%)	澳大利亚(30.82%)	波兰(22.89%)	马来西亚(38.86%)	加拿大(2.15%)		泰国(0.71%)
		马来西亚(22.22%)	中国香港(16.59%)	日本(4.32%)			中国台湾(0.14%)
		美国(0.32%)	加拿大(0.70%)	西班牙(0.28%)			
			澳大利亚(0.17%)				

资料来源：根据中国海关数据整理。

2. 对美国、欧洲进口依赖度高，可替代性弱

如表 2.18 所示，除其他航空发动机零件类产品外，上海航空航天产业典型产品的前五大进口来源地进口总额占比长期维持在 85% 以上，航空器航天器及运载工具、降落伞及其零件和航空器的发射装置等高端航空航天产品几乎全部进口于前五大进口来源地，即使是技术相对低端的其他航空发动机零件类产品进口总额占比也常年维持在 70% 左右，进口来源地集中度高。在进口来源地结构上，上海航空航天产业典型产品的进口几乎全部来源于美国、加拿大和部分欧洲国家，且结构较为稳定，许多进口来源地的排名长期保持不变，说明上海航空航天产业对现有进口来源地存在"持续性依赖"，进口可替代选择极少。2023 年，上海仍需要从美国进口 51.39% 的涡轮喷气发动机、45.14% 的航空器航天器零件、34.64% 的航空器航天器及运载工具，从捷克进口航空降落伞、从加拿大进口航空器的发射装置的占比甚至均超过了 75%。在中美贸易关系不稳定、欧洲地缘政治危机持续紧张的情况下，上海航空航天产业存在较大的断供风险，需要引起高度警惕，并不断增强航空航天领域的技术实力和自主创新能力，全力突破关键技术的"卡脖子"难题，加快实现国产替代。

表 2.18　上海航空航天产业前五大进口来源地排名及占比(2017—2023 年)

产品名称	2017 年	2018 年	2019 年	2020 年	2021 年	2022 年	2023 年
涡轮喷气发动机	美国(57.64%)	美国(54.96%)	美国(59.72%)	美国(60.28%)	美国(53.82%)	美国(48.40%)	美国(51.39%)
	意大利(17.14%)	法国(13.10%)	法国(12.55%)	意大利(12.37%)	意大利(14.02%)	意大利(13.80%)	法国(16.77%)
	法国(12.76%)	意大利(8.74%)	德国(8.62%)	德国(7.41%)	法国(12.70%)	法国(10.74%)	德国(9.87%)
	匈牙利(3.74%)	德国(7.14%)	英国(7.43%)	英国(6.37%)	德国(5.56%)	德国(9.07%)	意大利(6.70%)
	加拿大(2.71%)	英国(4.68%)	意大利(4.26%)	法国(4.17%)	英国(3.93%)	英国(5.75%)	匈牙利(2.71%)

续表

产品名称	2017年	2018年	2019年	2020年	2021年	2022年	2023年
其他航空发动机零件	德国(22.31%)	德国(25.70%)	德国(25.02%)	德国(29.05%)	德国(28.05%)	德国(20.79%)	德国(22.70%)
	日本(20.87%)	日本(21.93%)	日本(22.28%)	日本(24.47%)	日本(21.73%)	日本(18.30%)	日本(12.90%)
	美国(12.83%)	美国(10.35%)	美国(10.92%)	意大利(7.13%)	美国(8.54%)	韩国(10.02%)	美国(9.90%)
	意大利(7.44%)	意大利(10.19%)	意大利(7.47%)	美国(6.75%)	意大利(6.90%)	美国(8.30%)	韩国(9.75%)
	瑞典(5.44%)	韩国(5.10%)	韩国(4.55%)	瑞典(4.64%)	韩国(5.06%)	意大利(8.19%)	意大利(8.99%)
航空器航天器及运载工具	美国(46.90%)	美国(67.91%)	美国(66.12%)	美国(67.35%)	德国(50.65%)	美国(81.21%)	法国(41.24%)
	德国(34.54%)	法国(21.95%)	法国(29.80%)	法国(18.66%)	法国(29.42%)	法国(10.62%)	美国(34.64%)
	法国(17.74%)	德国(6.59%)	德国(2.15%)	德国(13.12%)	美国(18.64%)	德国(8.17%)	德国(24.12%)
	意大利(0.45%)	意大利(2.41%)	意大利(1.94%)	意大利(0.85%)	意大利(0.94%)		
	加拿大(0.36%)	以色列(1.14%)	加拿大(0.00%)	乌克兰(0.02%)	奥地利(0.35%)		
航空器航天器零件	美国(61.97%)	美国(47.10%)	美国(54.27%)	美国(37.60%)	美国(32.15%)	美国(36.68%)	美国(45.14%)
	德国(18.24%)	德国(20.96%)	法国(20.52%)	法国(30.73%)	法国(23.44%)	法国(22.71%)	法国(22.30%)
	法国(10.31%)	法国(12.31%)	德国(7.28%)	德国(11.75%)	德国(18.17%)	德国(14.05%)	德国(8.65%)
	奥地利(2.30%)	日本(4.84%)	日本(4.42%)	英国(5.08%)	日本(9.72%)	新加坡(6.18%)	韩国(5.01%)
	意大利(1.81%)	奥地利(4.16%)	墨西哥(3.64%)	日本(4.44%)	英国(2.90%)	日本(5.65%)	日本(4.20%)

续表

产品名称	2017 年	2018 年	2019 年	2020 年	2021 年	2022 年	2023 年
降落伞及其零件	韩国（32.82%）	美国（43.64%）	美国（58.77%）	捷克（91.39%）	捷克（40.30%）	捷克（82.51%）	捷克（98.77%）
	美国（31.54%）	卢森堡（24.77%）	捷克（23.66%）	法国（3.15%）	英国（26.84%）	德国（16.40%）	美国（1.23%）
	德国（20.54%）	捷克（16.99%）	新西兰（10.86%）	芬兰（2.91%）	德国（25.10%）	奥地利（1.02%）	
	捷克（14.42%）	意大利（7.57%）	意大利（2.99%）	意大利（1.13%）	美国（4.97%）	日本（0.07%）	
	意大利（0.51%）	德国（2.74%）	法国（1.03%）	斯洛文尼亚（0.47%）	新西兰（1.42%）		
航空器的发射装置	加拿大（82.00%）	加拿大（78.75%）	加拿大（67.96%）	加拿大（95.00%）	加拿大（99.17%）	加拿大（37.63%）	加拿大（77.52%）
	英国（16.84%）	英国（19.40%）	荷兰（31.51%）	荷兰（4.13%）	美国（0.52%）	美国（30.90%）	法国（17.03%）
	美国（0.97%）	荷兰（0.79%）	爱尔兰（0.39%）	美国（0.43%）	法国（0.13%）	俄罗斯（20.92%）	美国（3.93%）
	荷兰（0.07%）	意大利（0.46%）	美国（0.10%）	法国（0.25%）	荷兰（0.13%）	法国（5.05%）	英国（1.21%）
	法国（0.04%）	美国（0.31%）	意大利（0.03%）	意大利（0.12%）	英国（0.02%）	英国（3.06%）	新加坡（0.25%）

资料来源：根据中国海关数据整理。

第3章

上海产业发展的贸易安全分析：基于价值链视角

愈加精细的世界分工体系推动了全球价值链的不断发展，各地区利用比较优势参与国际贸易。在"逆全球化"思潮的影响下，产业链供应链安全风险日益受到关注。本章立足全球视野，从价值链角度评估上海及细分产业的分工地位与安全情况。

对上海及其产业参与全球价值链的程度与位置分析发现：（1）上海参与全球价值链的程度高于全国平均水平且融入程度越来越深。上海的全球价值链参与度由2012 年的 0.38、2015 年的 0.39 增加至 2017 年的 0.40，而这三年的全国其他 30 个省份的均值分别为 0.37、0.32、0.33。（2）上海在全球价值链中的后向参与度高于前向参与度，意味着上海更多使用国外中间品生产出口的最终产品。上海在 3 个年份的前向参与度分别为 0.07、0.08、0.10，而全国其他 30 个省份的均值分别为 0.28、0.23、0.24，意味着上海通过提供原材料或中间品制造参与全球价值链程度较低。同时，上海后向参与度保持在 0.3 左右且远高于全国平均水平，表明上海在出口中更多利用了国外的中间产品。（3）上海"3＋6"产业融入全球价值链的程度不断加深，这源自分工地位的不断攀升。其中，前向参与度整体呈上升趋势，表明本土的中间产品提供能力在上升；而后向参与度则呈上下波动的趋势。

对上海及其产业在生产过程中的国外依赖度和来源集中度分析发现：（1）由于上海中间品投入的高对外依赖度，其生产风险在全国居于高位。上海的国外依赖度由 2015 年的 25.77 增加至 2017 年的 29.66，总体为全国其他 30 个省份均值的 4—6 倍，而来源集中度一直略低于全国其他 30 个省份的均值。由于较高的国外依赖度，上海的生产风险为全国平均水平的 3.5—5.5 倍，且常年位于 31 个省份首位。(2)上海进口中间品的主要来源地比较稳定，主要集中在亚洲的日本、韩国、中国台湾以及欧美地区的德国和美国。其中，韩国、日本和美国稳居上海中间品进口总量的前三位。(3)集成电路产业、人工智能产业的生产风险处于高位，电子信息产业的生产风险逐步下降，高端装备与先进材料产业、生命健康与生物医药产业、时尚消费业的生产风险呈上升趋势。

对上海及其产业双循环贡献率分析发现：(1)上海 GDP 中的内循环贡献率低于全国平均水平，外循环贡献率约为全国平均水平的 2 倍。在趋势上，上海内循环贡献率不断增加，外循环贡献率则逐步降低。其中，上海由消费驱动的内循环贡献率从 2012 年的 32.68％上升至 2017 年的 36.74％，投资驱动的内循环贡献率从 2012 年的 33.71％上升至 2017 年的 39.76％，内循环总体贡献率由 2012 年的 66.39％上升至 2017 年的 76.50％；而外循环贡献率则由 2012 年的 33.61％下降至 2017 年的 23.50％。(2)上海集成电路产业、人工智能产业以外循环为主，电子信息产业、汽车产业、生命健康和生物医药产业以内循环为主，高端装备产业、先进材料产业、时尚消费品产业的内循环略高于外循环。在发展趋势上，上海集成电路产业、人工智能产业、电子信息产业、生命健康产业、生物医药产业五个产业的内循环贡献率呈上升趋势。

3.1　指标构建

3.1.1　全球价值链参与程度指标

在指标选取上，本章从出口中的国外增加值与增加值的间接出口两个角度出发，构建参与度(包括前向参与度和后向参与度)指标以衡量上海参与全球价值链的程度与位置。同时,由于中间品贸易是各经济体参与全球价值链的重要特征,因此用上海中间品进口比例与进口集中程度分别构建国外依赖度和来源集中度指标,并用二者乘积表示上海的生产风险,以此衡量上海产业链供应链的韧性和安全水平。

假设在一个三地区投入产出表中,包括上海 s 和两个国外地区 r、t,则上海的总出口 E_{s*} 可分为中间品与最终品出口两部分,即:

$$E_{s*} = \sum_{f=r、t} (A_{sf}X_f + Y_{sf})$$

(3.1)

其中,A_{sf} 为国外地区 f 对上海的直接消耗系数矩阵,X_f 为国外地区 f 的总产出列向量,Y_{sf} 为国外地区 f 对上海的最终产品需求列向量。因此,$A_{sf}X_f$ 代表上海对国外地区 f 的中间品出口,Y_{sf} 代表上海对国外地区 f 的最终品出口。对上海的总出口有如下的增加值分解矩阵:

$$VBE = \begin{bmatrix} v^s B^{ss} E_{s*} & v^s B^{sr} E_{r*} & v^s B^{st} E_{t*} \\ v^r B^{rs} E_{s*} & v^r B^{rr} E_{r*} & v^r B^{rt} E_{t*} \\ v^t B^{ts} E_{s*} & v^t B^{tr} E_{r*} & v^t B^{tt} E_{t*} \end{bmatrix}$$

(3.2)

其中,v^i 为地区 i 的增加值率,B^{ij} 为地区 j 对地区 i 的完全消耗系数矩阵,E_{i*} 为地区 i 的总出口,i、$j=s$、r、t。上述矩阵详细描述了各地区总出口所含的增加值来源。因此,上海总出口的国外增加值为 $FV_s = v^r B^{rs} E_{s*} + v^t B^{ts} E_{s*}$,国内增加值为 $DV_s = v^s B^{ss} E_{s*}$,间接增加值出口为 $IV_s = v^s B^{sr} E_{rt} + v^s B^{st} E_{tr}$,且有 $DV_s + FV_s = E_{s*}$。

基于上述指标,可给出上海的全球价值链参与度,进一步可区分为前向参与度与后向参与度,具体如下所示:

$$GVC\_Participation = (IV_s + FV_s)/E_{s*}$$

(3.3)

其中,$GVC\_Participation$ 表示全球价值链参与度;IV_s/E_s 表示上海地区出口中的间接增加值比重,用以衡量上海在全球价值链中的前向参与度;FV_s/E_s 表示上海地区出口中的国外增加值比重，用以衡量其在全球价值链中的后向参与度。前向参与度高，说明上海通过提供原材料或中间品制造参与全球价值链，在全球价值链中位于上游，其增加值在被其他地区吸收后又出口至其余地区；后向参与度高，说明上海会用大量国外中间品生产出口的最终品，在全球价值链中居于下游，其总出口以国外增加值为主。

3.1.2　中间品进口视角的安全指标

上海在参与全球产业链供应链的过程中，作为生产者需要中间品进口，作为销售者需要产成品出口，因而会面临生产和销售两种风险①，而这两种风险又可被拆分为国外依赖度（以下简称"依赖度"）与来源集中度（以下简称"集中度"）两个维度。具体来说，生产的依赖度是指在生产过程中对国外中间品投入的依赖程度，生产的集中度是指在生产过程中对国外中间品需求的分散程度。依赖度和集中度越高，则生产风险越高，其对应的产业链供应链就越不安全。

假设上海在生产过程中需要其他国家或地区 f 的中间品为 X_{fs}，来自中国的中间品为 X_{ds}，且除中国外共有 N 个其他国家或地区。上海中间品投入依赖度的计算方法为：

$$R_s = \frac{\sum_{f=1}^{N} X_{fs}}{X_{ds} + \sum_{f=1}^{N} X_{fs}} \times 100 \tag{3.4}$$

中间品投入的集中度参照赫芬达尔-赫希曼指数的计算方法为：

$$H_s = \sum_{f=1}^{N} \left(\frac{X_{fs}}{\sum_{f=1}^{N} X_{fs}} \right)^2 \times 10\,000 \tag{3.5}$$

---

① 由于外部经济体通常采取出口管制等措施以期在生产环节限制和打压中国经济发展，所以对生产风险的分析具有更为重要的现实意义。因此，此处仅关注上海所面临的生产风险。

上海的生产风险为其依赖度和集中度之积，为：

$$PR_s = R_s \times H_s \tag{3.6}$$

3.1.3 双循环视角的安全指标

在现代产业经济学中，"循环"是指从上游原材料供给到生产制造直至最终品需求的完整生产链条。而经济活动本质上就是信息、资金和商品依靠产业分工和价值增值在不同经济主体间循环流动的过程。根据生产活动、最终需求的地理范围的不同，增加值（GDP）可以区分为不同的循环部分。

以上海为例，上海的增加值中由国内生产活动、国内最终需求引致的部分属于国内经济循环（以下简称"内循环"）。为了区分内需中的消费、投资对经济发展的不同作用，可将内循环分解为由消费、投资拉动的两个部分。由国内生产活动、国外最终需求[1]引致的部分属于简单国际循环，剩余部分属于复杂国际循环，二者统称为国际经济循环（以下简称"外循环"）。

3.2 数据来源及处理

为详细分析上海参与全球产业链供应链的情况，本章所采用的数据为包含上海及产业相关信息的中国各省份区域间投入产出表（Inter-Regional Input-Output Tables，IRIO）和包含中国及产业相关信息的国家间投入产出表（Inter-Country Input-Output Tables，ICIO）。IRIO 来自中国碳核算数据库[2]，覆盖 31 个省份、42

---

① 国外最终需求即直接出口最终品，属于传统的国际贸易范畴。
② 参见 https://www.ceads.net.cn/data/input_output_tables/。

个产业;ICIO 来自经合组织国家间投入产出数据库[①],覆盖 67 个经济体(包含 1 个世界其他地区,ROW)、45 个产业。将 IRIO 嵌入 ICIO,构建双重嵌入的投入产出表。囿于数据可得性,目前可以得到 2012 年、2015 年和 2017 年的双重嵌入数据,因此,本部分的分析立足于上述三个年份。

将 IRIO 嵌入 ICIO 以构造 ICIO-IRIO 数据库的操作如下:

(1) 以基准年份(2010 年)的汇率将两套投入产出数据的计价单位统一为百万美元;

(2) 将两套数据的不同产业分类进行整合,具体合并标准见表 3.1;

(3) 以 IRIO 中各省各产业的进(出)口数据为基础,以 ICIO 中中国各产业对不同经济体的进(出)口数据为权重,推算得出 ICIO-IRIO 中国各省各产业对各经济体的进(出)口数据;

(4) ICIO 中的其他数据可直接输入 ICIO-IRIO 中;

(5) 在得到 ICIO-IRIO 的中间品、最终品投入产出数据后,对数据进行横向加总可得总产出,随后根据"总产出=总投入"的平衡关系,在列向通过增加值进行平衡,最终得到完整的 ICIO-IRIO 投入产出表。

表 3.1　IRIO、ICIO 产业的分类与合并

序号	产业合并	IRIO	ICIO
1	农林牧渔	农林牧渔产品和服务	农业、狩猎、林业
			渔业和水产养殖
2	开采	煤炭采选产品	采矿和采石,能源生产产品
		石油和天然气开采产品	采矿和采石,非能源生产产品
		金属矿采选产品	采矿支持服务
		非金属矿和其他矿采选产品	

---

① 参见 https://www.oecd.org/sti/ind/inter-country-input-output-tables.htm。

序号	产业合并	IRIO	ICIO
3	食品、饮料和烟草	食品和烟草	食品、饮料和烟草
4	纺织品、皮革和鞋类	纺织品	纺织品、皮革和鞋类
		纺织服装鞋帽皮革羽绒及其制品	
5	木材及制品	木材加工品和家具	木材及制品
6	纸制品和印刷	造纸印刷和文教体育用品	纸制品和印刷
7	焦炭和精炼石油产品	石油、炼焦产品和核燃料加工品	焦炭和精炼石油产品
8	化学产品	化学产品	化工及产品
			药品、医药化学品和植物产品
			橡胶和塑料制品
9	其他非金属矿产品	非金属矿物制品	其他非金属矿产品
10	金属冶炼及制品	金属冶炼和压延加工品	基本金属
		金属制品	金属制品
11	通信设备、计算机和其他电子设备	通信设备、计算机和其他电子设备	计算机、电子和光学设备
			电子设备
12	交通运输设备	交通运输设备	机动车辆、挂车和半挂车
			其他运输设备
13	其他机械和设备	通用设备	其他机械和设备
		专用设备	
		电气机械和器材	
		仪器仪表	
		其他制造产品	
		废品废料	
14	制造、机械设备的维修和安装	金属制品、机械和设备修理服务	制造、机械设备的维修和安装

续表

序号	产业合并	IRIO	ICIO
15	电力、燃气、水的生产和供应	电力、热力的生产和供应	电力、燃气、蒸汽和空调供应
		燃气生产和供应	供水，污水处理、废物管理和修复
		水的生产和供应	
16	建筑	建筑	建筑
17	批发和零售	批发和零售	批发和零售贸易，机动车辆修理
18	交通运输、仓储和邮政	交通运输、仓储和邮政	陆路运输和管道运输
			水运
			空运
			运输仓储及相关
			邮政和快递活动
19	住宿和餐饮	住宿和餐饮	住宿和餐饮服务
20	信息传输、软件和信息技术服务	信息传输、软件和信息技术服务	出版、视听和广播
			电信
			IT 和其他信息服务
21	金融	金融	金融和保险
22	房地产	房地产	房地产
23	科学研究和技术服务	科学研究和技术服务	专业、科学和技术
24	教育	教育	教育
25	卫生和社会工作	卫生和社会工作	人类健康和社会工作
26	文化、体育和娱乐	文化、体育和娱乐	艺术、娱乐
27	其他服务业	租赁和商务服务	行政和支持服务
		水利、环境和公共设施管理	公共行政和国防，强制性社会保障
		居民服务、修理和其他服务	其他服务
		公共管理、社会保障和社会组织	家庭服务业

3.3 全球价值链参与度分析

3.3.1 上海整体层面

表 3.2 列出了上海与中国其他 30 个省份的全球价值链参与情况。可以看出，上海的全球价值链参与度一直高于其他 30 个省份的均值，且有上升的趋势。这表明上海在 2012—2017 年参与全球价值链的程度高于全国平均水平，且融入程度越来越深。从前后向参与可以发现，上海的前向参与度一直小于均值，后向参与度高于均值①，这代表上海在全球价值链的地位弱于全国平均水平。事实上，这是由于上海主要产业的技术密集度高于全国其他省份造成的。上海作为具有全球影响力的科技创新中心，产业的高技术密集度特征会导致其在全球价值链中面临发达经济体的低端锁定，因此其前向参与度指标处于低位。但从发展趋势上看，上海的前向参与度在稳步上升，这表明其全球价值链的地位正不断向中高端迈进。

表 3.2 上海与中国其他 30 个省份全球价值链参与度的比较

年份	参与度		前向参与度		后向参与度	
	上海	其他 30 个省份均值	上海	其他 30 个省份均值	上海	其他 30 个省份均值
2012	0.38	0.37	0.07	0.28	0.31	0.10
2015	0.39	0.32	0.08	0.23	0.31	0.09
2017	0.40	0.33	0.10	0.24	0.30	0.09

3.3.2 上海"3＋6"新型产业体系

《上海市先进制造业发展"十四五"规划》提出，在"十四五"期间，构建"3＋6"新

---

① 北京、江苏、浙江、广东等地区的参与度指标，在与全国均值比较上亦存在同样情况。

型产业体系，以集成电路、生物医药、人工智能三大先导产业为引领，大力发展电子信息、生命健康、汽车、高端装备、先进材料、时尚消费品六大高端产业。①

　　表 3.3 展示了上海"3＋6"新型产业的全球价值链参与情况。②从总参与度上，"3＋6"产业的全球价值链参与度整体呈上升趋势，所有产业在 2017 年的参与度都高于上海整体。具体来看，各产业的总体参与度和前向参与度呈上升趋势，而后向参与度整体则上下波动，表明这些产业的分工位置越来越高。因此上海"3＋6"产业融入全球价值链程度的加深，主要源自其分工地位的不断攀升。

表 3.3　上海"3＋6"新型产业体系的全球价值链参与度

年份	产业名称	参与度	前向参与度	后向参与度
2012	集成电路、人工智能	0.60	0.01	0.59
	电子信息	0.36	0.10	0.26
	汽车	0.43	0.02	0.40
	高端装备、先进材料	0.44	0.02	0.41
	时尚消费品	0.28	0.06	0.22
	生命健康、生物医药	0.47	0.06	0.40
2015	集成电路、人工智能	0.72	0.02	0.70
	电子信息	0.36	0.14	0.22
	汽车	0.47	0.03	0.44
	高端装备、先进材料	0.47	0.03	0.44

① 参见 https：//www.shanghai.gov.cn/nw12344/20210714/0a62ea7944d34f968ccbc49eec47dbca.html。

② 因政策文件中提及的产业名称与 ICIO-IRIO 投入产出表中的产业分类有所差异，为便于分析，根据各产业的经济活动性质，做以下归类处理：在三大先导产业中，将集成电路、人工智能对应通信设备、计算机和其他电子设备，生物医药对应化学产品；在六大高端产业中，将电子信息对应信息传输、软件和信息技术服务，生命健康对应化学产品，汽车对应交通运输设备，高端装备和先进材料对应其他机械和设备，时尚消费品对应食品、饮料和烟草以及纺织品、皮革和鞋类。以下同。

续表

年份	产业名称	参与度	前向参与度	后向参与度
2015	时尚消费品	0.34	0.10	0.24
	生命健康、生物医药	0.48	0.06	0.42
2017	集成电路、人工智能	0.68	0.02	0.66
	电子信息	0.41	0.29	0.12
	汽车	0.46	0.05	0.41
	高端装备、先进材料	0.55	0.03	0.52
	时尚消费品	0.43	0.08	0.35
	生命健康、生物医药	0.57	0.09	0.48

注:表中标下划线的数据表明该指标高于当年上海的整体值。

3.4　中间品贸易视角的安全分析

3.4.1　上海整体层面

表 3.4 展示了上海与中国其他 30 个省份的生产风险指标对比。从变化趋势看,上海中间品投入的依赖度呈上升趋势,与其他 30 个省份均值的变化相反;集中度呈下降趋势,与其他 30 个省份均值的变化一致,这表明上海在生产过程中对国外中间品的消耗在增加,同时中间品进口来源地也更加分散。在上述两种相反趋势的作用下,上海面临的生产风险呈现先上升后下降的趋势,但总体变化幅度不大。从数值大小分析,上海的依赖度是其他 30 个省份均值的 4—5 倍,但集中度一直略低于其他 30 个省份均值。由于中间品投入的高对外依赖度,上海的生产风险整体偏高,为其他 30 个省份均值的 3.5—5.5 倍。

表 3.4　上海与中国其他 30 个省份生产风险的比较

年份	依赖度		集中度		生产风险	
	上海	其他 30 个省份均值	上海	其他 30 个省份均值	上海	其他 30 个省份均值
2012	25.77	5.95	6.42	7.13	165.38	46.66
2015	27.74	4.68	6.16	6.50	170.87	30.88
2017	29.66	5.37	5.62	6.18	166.77	33.57

　　表 3.5 列出了中国生产风险相关指标测度排名前五位的省份。从依赖度看，上海一直位列中国 31 省份首位且与第二名的差距逐渐扩大。在中间品投入依赖度较高的前五位中，北京、天津和广东均名列其中。从集中度看，上海在中国 31 个省份中居于中等水平，其中 2012 年和 2015 年均排名 11，集中度分别为 6.42 和 6.16，2017 年排名 19 且集中度为 5.62。中间品集中度较高的地区主要集中在黑龙江、辽宁等东北地区，新疆、甘肃等西北地区，以及海南。与表 3.4 的对比结果一致，由于上海中间品投入的依赖度远高于其他地区，其生产风险虽小幅波动，但仍始终排在全国前两位。

表 3.5　中国生产风险排名前五的省份

年份	排名	依赖度		集中度		生产风险	
	1	上海	25.77	海南	21.78	海南	287.85
	2	广东	22.95	黑龙江	14.29	上海	165.38
2012	3	北京	16.74	新疆	10.74	广东	149.20
	4	天津	15.02	辽宁	7.86	黑龙江	121.54
	5	海南	13.21	甘肃	7.42	北京	103.88
	1	上海	27.74	黑龙江	14.76	上海	170.87
	2	广东	16.37	海南	12.13	广东	99.84
2015	3	北京	15.06	辽宁	7.57	北京	88.01
	4	天津	13.06	山东	7.48	海南	76.96
	5	福建	10.95	新疆	7.38	天津	74.94

续表

年份	排名	依赖度		集中度		生产风险	
2017	1	上海	29.66	新疆	13.03	上海	166.77
	2	广东	18.08	黑龙江	9.03	广东	120.05
	3	天津	15.94	甘肃	7.87	新疆	94.59
	4	吉林	15.94	宁夏	6.91	吉林	90.17
	5	北京	14.83	辽宁	6.86	天津	84.87

表 3.6 给出了上海中间品进口排名前五的来源地变化情况,这些来源地的集中度显著高于其他经济体,因此具有代表性。不难看出,上海进口中间品的主要来源地非常稳定,主要集中在亚洲的日本、韩国、中国台湾以及欧美地区的德国和美国。其中,韩国、日本和美国稳居上海中间品进口总量的前三位。

表 3.6 上海中间品进口排名前五的来源地

排名	2012 年		2015 年		2017 年	
	国家或地区	集中度	国家或地区	集中度	国家或地区	集中度
1	韩国	1.90	日本	1.46	日本	1.40
2	日本	1.18	韩国	1.40	韩国	1.17
3	美国	0.94	美国	1.16	美国	0.86
4	中国台湾	0.65	德国	0.55	德国	0.58
5	德国	0.56	中国台湾	0.54	中国台湾	0.44

3.4.2 上海"3+6"新型产业体系

表 3.7 的数据显示,除了 2012 年的时尚消费品产业、2017 年的电子信息产业,其他产业的生产风险都高于甚至数倍于当年上海的生产风险。其中,集成电路产业、人工智能产业的生产风险虽有波动,但一直最高,电子信息产业的生产风险逐步下降,高端装备与先进材料产业、生命健康与生物医药产业、时尚消费业的生产风险呈上升趋势。

表 3.7　上海"3＋6"新型产业体系的生产风险

年份	产业名称	依赖度	集中度	生产风险
2012	集成电路、人工智能	49.65	11.31	561.69
	电子信息	23.13	10.02	231.86
	汽车	27.86	9.36	260.63
	高端装备、先进材料	32.72	8.52	278.76
	时尚消费品	19.61	8.28	161.56
	生命健康、生物医药	30.46	7.21	219.49
2015	集成电路、人工智能	76.62	10.74	822.83
	电子信息	20.38	8.94	182.17
	汽车	40.58	10.26	416.47
	高端装备、先进材料	44.60	8.04	358.38
	时尚消费品	28.07	8.22	217.16
	生命健康、生物医药	38.44	6.10	234.42
2017	集成电路、人工智能	56.91	11.68	664.47
	电子信息	11.20	7.04	78.88
	汽车	33.48	8.69	290.89
	高端装备、先进材料	57.15	8.49	485.34
	时尚消费品	38.62	7.66	286.72
	生命健康、生物医药	60.49	5.79	350.53

　　表 3.8 列出了上海"3＋6"新型产业中间品进口排名前三的来源地变化情况。可以看出，除时尚消费品产业外，其余产业的主要进口来源地都非常稳定。具体来看，集成电路产业、人工智能产业和电子信息产业的中间品前三进口来源地均为韩国、中国台湾和日本，汽车产业进口中间品的主要进口来源地为德国、日本和美国，高端装备和先进材料产业的中间品主要从日本、韩国和德国进口，生命健康和生物医药产业的中间品主要从日本、韩国和美国进口。就时尚消费品产业来说，主要进

口来源地变动幅度较大。在食品、饮料和烟草方面,美国和巴西始终是上海排名前二的进口来源地,而第三位则由澳大利亚变为阿根廷;在纺织品、皮革和鞋类方面,除日本外,其他两大进口来源地变动频繁。

表 3.8　上海"3+6"新型产业体系中间品进口排名前三的来源地

年份	产业名称		国家或地区	集中度	国家或地区	集中度	国家或地区	集中度
2012	集成电路、人工智能		韩国	5.42	中国台湾	2.90	日本	1.54
	电子信息		韩国	4.75	中国台湾	2.24	日本	1.12
	汽车		德国	3.44	日本	2.53	美国	1.29
	高端装备、先进材料		日本	3.16	韩国	1.76	德国	1.66
	时尚消费品	食品、饮料和烟草	美国	5.41	巴西	2.06	澳大利亚	0.26
		纺织品、皮革和鞋类	日本	1.21	美国	1.21	韩国	1.01
	生命健康、生物医药		韩国	1.63	日本	0.80	美国	0.76
2015	集成电路、人工智能		韩国	4.78	中国台湾	2.59	日本	1.89
	电子信息		韩国	3.62	中国台湾	1.88	日本	1.43
	汽车		美国	3.38	日本	2.69	德国	2.37
	高端装备、先进材料		日本	3.26	韩国	1.49	德国	1.30
	时尚消费品	食品、饮料和烟草	巴西	5.91	美国	2.32	澳大利亚	0.40
		纺织品、皮革和鞋类	日本	1.01	巴西	0.90	印度	0.71
	生命健康、生物医药		韩国	1.28	日本	1.19	美国	0.94
2017	集成电路、人工智能		韩国	5.58	中国台湾	3.01	日本	1.80
	电子信息		韩国	2.47	中国台湾	1.34	日本	0.86
	汽车		日本	3.13	德国	2.28	美国	1.71
	高端装备、先进材料		日本	3.71	韩国	1.67	德国	1.23
	时尚消费品	食品、饮料和烟草	巴西	5.76	美国	2.06	阿根廷	0.34
		纺织品、皮革和鞋类	越南	0.92	日本	0.90	巴西	0.62
	生命健康、生物医药		韩国	1.24	日本	0.97	美国	0.69

3.5　双循环视角的安全分析

3.5.1　上海整体层面

为缓解贸易总量统计口径可能导致的对世界贸易格局的错误认识,本节借鉴增加值贸易核算法,从上海增加值参与内外循环的比例角度构建双循环贡献率指标,体现上海经济活动的完整性。

表 3.9 展示了上海和全国其他 30 个省份双循环指标均值的测算情况。在 2012 年、2015 年、2017 年这三年从横向对比分析,上海 GDP 的内循环贡献率低于全国其他 30 个省份均值水平,而外循环贡献率约为全国其他 30 个省份均值的两倍。从纵向发展分析,上海经济增长中的内循环贡献率在不断增加,外循环贡献率则在逐步降低。其中,上海由消费驱动的内循环贡献率由 2012 年的 32.68% 上升至 2017 年的 36.74%,投资驱动的内循环贡献率由 2012 年的 33.71% 上升至 2017 年的 39.76%,内循环总体贡献率由 66.39% 上升至 76.50%。反观国际方面,无论是简单国际循环还是复杂国际循环,其贡献率都在不断下降,这导致上海的外循环贡献率总体上由 2012 年的 33.61% 下降至 2017 年的 23.50%。

3.5.2　上海 "3+6" 新型产业体系

表 3.10 列出上海 "3+6" 新型产业体系双循环指标的测算情况,各产业间以及与上海整体水平相比,双循环的表现情况均存在差异。在产业增长的内外循环贡献上,上海集成电路产业、人工智能产业以外循环为主,电子信息产业、汽车产业、生命健康产业和生物医药产业以内循环为主,高端装备产业、先进材料产业、时尚消费品产业则是内循环略高于外循环。将内需区分为消费、投资考虑,上海集成电路、人工智能、电子信息、汽车、高端装备、先进材料等六个产业的内循环以投资带

表 3.9 上海与中国其他 30 个省份双循环的比较

年份	国内经济循环						国际经济循环					
	消费		投资		总计		简单		复杂		总计	
	上海	其他 30 个省份均值	上海	其他 30 个省份均值	上海	其他 30 个省份均值	上海	其他 30 个省份均值	上海	其他 30 个省份均值	上海	其他 30 个省份均值
2012	32.68%	38.83%	33.71%	46.08%	66.39%	84.91%	16.76%	7.22%	16.85%	7.87%	33.61%	15.09%
2015	31.92%	40.04%	37.14%	46.70%	69.06%	86.74%	15.71%	6.48%	15.23%	6.78%	30.94%	13.26%
2017	36.74%	41.77%	39.76%	46.36%	76.50%	88.13%	11.94%	5.71%	11.56%	6.16%	23.50%	11.87%

动为主,时尚消费品、生命健康、生物医药等三个产业则以消费带动为主。在发展趋势上,上海集成电路、人工智能、电子信息、生命健康、生物医药等五个产业的内循环贡献率呈上升趋势,其余产业则是波动式发展。

表 3.10　上海"3＋6"新型产业体系双循环指标测算情况

年份	产业名称	国内经济循环			国际经济循环		
		消费	投资	总计	简单	复杂	总计
2012	集成电路、人工智能	3.34％	5.16％	8.50％	48.68％	42.82％	91.50％
	电子信息	28.66％	49.13％	77.79％	11.06％	11.15％	22.21％
	汽车	19.42％	60.76％	80.18％	13.19％	6.63％	19.82％
	高端装备、先进材料	9.03％	45.55％	54.58％	27.86％	17.56％	45.42％
	时尚消费品	49.30％	5.00％	54.30％	32.70％	13.00％	45.70％
	生命健康、生物医药	32.02％	23.19％	55.21％	15.15％	29.65％	44.80％
2015	集成电路、人工智能	4.47％	7.91％	12.38％	46.71％	40.92％	87.63％
	电子信息	30.49％	44.60％	75.09％	12.59％	12.32％	24.91％
	汽车	16.58％	66.25％	82.83％	11.40％	5.77％	17.17％
	高端装备、先进材料	9.21％	47.94％	57.15％	26.18％	16.68％	42.86％
	时尚消费品	41.31％	7.00％	48.31％	36.17％	15.52％	51.69％
	生命健康、生物医药	32.17％	30.83％	63.00％	11.91％	25.09％	37.00％
2017	集成电路、人工智能	4.66％	9.89％	14.55％	45.17％	40.28％	85.45％
	电子信息	25.64％	69.08％	94.72％	2.59％	2.69％	5.28％
	汽车	32.94％	46.84％	79.78％	12.64％	7.58％	20.22％
	高端装备、先进材料	8.23％	47.93％	56.16％	26.71％	17.13％	43.84％
	时尚消费品	47.61％	8.77％	56.38％	29.92％	13.70％	43.62％
	生命健康、生物医药	37.09％	29.59％	66.68％	11.07％	22.25％	33.32％

第 4 章
上海产业发展的技术安全分析

随着新一轮科技革命和产业变革突飞猛进，全球产业结构和布局深度调整，全球产业链供应链加速重构，中国正处于从制造大国向制造强国迈进的重要关口期。本章立足上海整体和重点产业发展的技术安全视角，依托高速发展的外向型经济构建产业安全监测中心，利用基础研究数据剖析上海创新发展潜力，选取专利申请数据测算上海创新网络以及技术复杂度，采用专利引用数据评估专利国际依赖度和国际影响力，综合评估技术安全和断供风险，不断提升产业链供应链韧性和产业发展的技术安全水平。

基础研究的投入和专利申请情况是评估城市供应链产业链韧性的关键指标，它们揭示了城市在科学探索和技术创新上的重视程度，反映了技术自主性及对外部冲击的应对能力。专利数量和质量显示了该城市的知识产权创造能力，体现了产业链中的设计、生产和服务实力，增强了对风险的预警和管理。此外，稳定的研究和专利活动能吸引高质量人才，并推动知识的实际应用，既促进了产业链更新和竞争力提升，也加强了城市面对复杂供应链问题时的智力支持和未来市场开拓的潜力。本章利用基础研究投入数据以及专利申请和引用数据，考察上海市产业发展的技术安全情况。

上海产业发展的"危"与"机"主要体现在以下几方面：（1）根据《中国科技统计年鉴》数据统计，纵向来看，2009—2022 年间上海研究总经费、基础研究投入、应用研究投入和试验发展的投入金额均呈现逐年递增的显著趋势。（2）横向来看,以 2022 年为例,上海的基础研究投入仅为 180.59 亿元,不及北京的一半(北京为 470.7 亿元)。这表明上海基础研究的组织形式需要不断创新,创新人才队伍亟须进一步扩大,科研环境的完善任重道远。(3)上海的技术引进市场对经济发展、创新发展的支撑力不断提升,2022 年上海技术引进合同交易金额突破 4 000 亿元,技术合同成交平均单笔交易金额为 1 046.26 万元,同比增幅均达 40% 以上;上海输出到长三角地区的技术引进合同金额逐年上升,2022 年为 976.80 亿元,是 2018 年 172.79 亿元的 5.6 倍;上海技术引进集聚在创新资源密集的区域,区域集聚分布特征明显。

　　上海产业发展的现有成果主要有:(1)专利申请总量不断增加的同时,发明专利的占比也从 2001 年的 25.53% 攀升至 2021 年的 39.73%。这不仅体现了上海产业的成熟度和竞争力的提升,还代表着其对产业链上核心技术把控能力的提升。(2)在 PCT 专利平均质量方面,上海在全球 50 个城市中排名第 31 位,数值处于中等水平,意味着虽然专利的规模和权利要求数量不是最高的,但仍然有相对全面的技术覆盖和保护力度。(3)在专利申请人类型方面,尽管企业占比高达 75.28%(2001—2021 年),但在专利主要申请人名单前 20 位中一流高校与科研院所仍表现突出,其中上海交通大学的专利申请数量最多,位列第一;中国科学院位列第二;同济大学位列第三;复旦大学位列第四。

　　基于专利申请数据,本章利用反射法测算了上海的技术复杂度,并利用共现分析法绘制了技术空间的演化情况。决定区域竞争力的关键是复杂的技术和知识,越复杂的技术包含越多的隐性知识,就越难以模仿和复制。一个地区的技术复杂度由该地区的技术多样性以及这些技术本身的稀有性同时决定。(1)从上海内部来看,技术复杂度与技术多样性的相关系数从 2010 年的 0.55 降至 0.05,这表明技术稀有性正在发挥越来越大的作用。(2)从上海市整体来看,2010—2020 年技术空间网络经历了一个从稀疏到密集的过程,技术间的联系越来越紧密,同一 IPC 分类号下的专利申请量也越来越多。这代表上海整个产业链上下联系紧密,与战略性新兴产业最相关的 G 部(物理)与 H 部(电学)技术得到一定的发展,产业链自主权得到加强。截至 2010 年,上海主要在 B 部(作业;运输)领域进行了多样化的专利申请,专利间的联系也主要集中在 B 部和 A 部(人类生活必需品)之间。截至 2020 年,上海以 B 部的技术优势带动了 C 部(化学;冶金)、G 部和 H 部,并且这些技术领域之间的联系极大地提升了整个城市技术网络空间的联系密度。(3)从全国范围内来看,2010—2020 年上海的技术复杂度呈上升趋势(从 2010 年的 3.04 上升至 2020 年的 3.90),但难以对北京(2020 年为 6.12)、深圳(2020 年为 5.12)两市形成追赶之势,这与深圳大力发展复杂度较高的电子通信产业、北京的首都区位和政策优势以及强大的人才资源密不可分。

基于专利引用和被引数据,本章重点分析发明专利的国际技术依赖度和上海重点产业的国际影响力,从创新安全和国际技术反制角度分析供应链韧性和安全水平。在汽车领域,对 PCT 专利和美欧专利的依赖度进一步提升,国际影响力有所下降,汽车产业技术安全风险存在进一步扩大的可能。国外专利引用率在 2010—2020 年的十年间提升了 2 个百分点,2020 年达 7%。平均专利国外被引率总体呈下降趋势,从 2010 年的 30% 下降到 2020 年的 20% 左右,这意味着只有约五分之一的专利会被国外企业引用,且被引国主要集中在美国、日本和韩国,对欧盟影响力较小,难以形成技术反制措施,不利于上海应对国际经济政治风险的冲击。

在集成电路产业,中国城市节点的合作伙伴数量不断增加,北京、深圳和上海逐步占据了合作网络的核心地位,中国的国际影响力和技术安全水平不断提升。上海集成电路境外专利引用率稳定在 9% 左右,对外依赖度保持稳定,且主要引用自 PCT 专利、美国、中国台湾和欧盟。自 2016 年以来,上海集成电路产业平均专利境外被引率从 22% 逐步上升到 28%,主要集中于美国、日本、韩国、欧盟和中国台湾,国际影响力和技术实力不断增强,技术安全水平不断提升。

在人工智能产业,上海发明专利对外依赖度逐年下降,国际影响力保持温和增长。2020 年引用境外专利占比不足 5%,整体对外依赖度较低。从专利被引用情况来看,与集成电路产业类似,上海人工智能产业专利主要被引用来源地区为美国、日本、韩国、欧盟和中国台湾,2018 年后被引用占比稳定在 15% 左右,但关键算法、重要硬件等领域对外依赖度仍然较高。

在生物医药产业,整体上上海生物医药产业创新的国际影响力不断增强,技术安全水平不断提升。上海生物医药产业平均相似专利为 6.74 个,说明专利可替代性较低。上海自主创新能力不断增强,总体技术对外依赖度维持在 10% 左右,且呈现一定下降趋势,但对 PCT 专利、美国和欧盟专利依赖度仍然较高。从被引用情况来看,美国独占 51%,与 PCT 专利和日本三者总占比高达 83%,表明上海生物医药产业专利对美国、日本等地具有较大影响力。

4.1　上海产业发展的"危"与"机"

4.1.1　产业发展的技术风险

全球产业链加速重构,供应链本地化、区域化、分散化的趋势日渐明显。上海作为中国外向型经济高速发展的代表性地区之一,处理好开放和安全的关系,构建与市场开放环境相匹配的技术安全体系,是维护产业发展安全、提升产业国际竞争力、探索政府事中事后监管路径的必然选择。

2021 年以来,上海产业安全监测中心以国际经贸规则变化对上海产业发展安全的影响为立足点,依据上海"十四五"阶段产业升级的重点方向,以集成电路、生物医药、人工智能三大先导产业及电子信息、汽车、高端装备、先进材料、生命健康、时尚消费品六大重点产业为总体范畴,以体现上海产业链、供应链、价值链特色的重点产品监测为主要对象,梳理出"9+1"类关键产业进行重点安全监测。其中"9"主要涵盖精细化工、生物药、集成电路、通信终端、工业机器人、医学影像设备、新能源汽车、高端装备、时尚纺织品等九大关键制造领域,"1"主要包括能源产品、金属原材料、农产品在内的大宗商品。具体如下:

(1)"9+1"类关键产业安全预警。通过对各行业国际贸易状况、上中下游产业链条、重点企业经营状况等的监测,建立产业安全预警的"信号灯"制度,对行业当期的安全状况进行综合定性判断。

（2）国际贸易状况监测。以海关数据为基础，对行业内国际贸易结构情况进行综合分析；同时，进一步分析所属领域产品在国际贸易市场的参与度与竞争力变化。

（3）产业链上下游监测。梳理各行业内部产业链上下游的关联效应，依据其所属二级子行业的发展趋势、产业链上下游代表产品供应链的稳定情况、行业关键核心产品的贸易竞争态势等，梳理影响产业链整体稳定发展的波动环节。

（4）重点企业监测。围绕能综合体现行业运行特色的各龙头企业，综合分析其运营状况，从企业参与全球贸易竞争的角度重点解读，分析各子领域的前沿发展态势，梳理整个行业发展的未来走向。

4.1.2 产业发展的创新潜力

1. 产业创新的政策支持

全球科技创新进入空前密集活跃期，基础前沿领域孕育重大突破，各种技术路线、创新路径层出不穷。在世界科技发展越来越迅速、颠覆性技术创新不断涌现的新形势下，上海要加快形成国际科创中心的核心功能，就必须全力做强创新引擎，把提升原始创新能力摆在更加突出的位置，千方百计把基础研究搞上去。

上海的基础研究水平经过改革开放40多年的努力得到了显著提升。在学科建设方面，上海高校的数学、物理、化学、生物等具有传统优势的基础学科的国际影响力在不断提升；在主体建设方面，上海正在打造以国家重大科技创新平台为代表的战略科技力量，组建一批面向科学前沿的新型研发机构，加强对重大战略需求的基础研究支撑；在条件支撑方面，上海集聚了上海光源、蛋白质中心、超强超短激光实验装置等一批国家大科学设施，牵头发起和参与了全脑介观神经联接图谱、国际人类表型组等一系列国际大科学计划（工程）。在此基础上，上海的科研环境不断优化，高水平基础研究队伍建设不断加强，涌现出一批在脑科学、量子、纳米等领域具有世界重大影响的原创成果。

为进一步发挥基础研究对科技创新的源头供给和引领作用，推动上海全力做强创新引擎，加快形成具有全球影响力的科技创新中心核心功能，根据国家相关文件精神,上海市政府制定出台了《关于加快推动基础研究高质量发展的若干意见》(简称《若干意见》)。《若干意见》通过破解制约基础研究的瓶颈,将行之有效的改革举措固化为制度安排,有利于通过制度创新推动科技创新,将制度优势转化为制度效能,进一步推动基础研究领域的跨越发展。

2. 产业发展的四大典型特征

《若干意见》以"在若干重要基础研究领域成为世界领跑者和科学发现新高地"为目标导向,从完善布局、夯实能力、壮大队伍、强化支撑、深化合作和优化环境六个方面,提出20项任务举措。上海产业发展主要有以下四方面特点:

一是创新基础研究力量的组织方式。探索重大任务与重大平台相结合的新模式,实现项目、基地、人才全要素一体化配置。比如,为进一步发挥高校、科研院所基础研究主力军作用,在全国率先试点设立"基础研究特区",重点针对上海具有基础研究显著优势的高校和科研院所进行长期、稳定资助,支持自由选题、自行组织、自主使用经费,引导科研人员以"宁打一口井、不挖十个坑"的态度心无旁骛地开展研究。又比如,积极构建政府、企业和社会力量多元投入的渠道,启动"探索者计划",引导企业与政府联合设立科研计划,鼓励企业和社会捐赠或设立基金会,探索与国家自然科学基金委员会共同设立区域创新发展联合基金。

二是培养造就高水平基础研究人才队伍。创新策源的源头是人才,创新驱动的实质是人才驱动。上海最大限度激活人才这个第一资源,多管齐下,壮大基础研究人才队伍,面向未来培养战略科技人才和科技领军人才;实施强基激励计划,加强中青年和后备科技人才培养;建设高水平创新团队,鼓励跨学科和综合交叉研究。

三是加强基础研究国内外交流合作。在全球化、信息化、网络化深入发展的条件下,创新要素更具有开放性、流动性。因此,要加快构建开放创新生态、积极融入全球创新网络,取得更多具有全球影响力的科技成果。比如,充分发挥上海开放的优势,继续组织参与国际大科学计划和大科学工程,这是基础研究在科学前沿领域的全方位拓展。通过聚焦国际科技界普遍关注、对人类社会发展和科技进步影响深远的研究领域,加大吸引别国参与的影响力,力争为解决世界级重大科学难题贡献更多"上海智慧"。又比如,加快建设长三角区域创新共同体,深化与周边省市基础研究的交流合作,引领长三角区域成为中国原始创新增长极。

四是营造良好的基础研究科研环境。坚持科技创新与制度创新双轮驱动,为强化创新策源功能创造更好的制度环境。比如,创新科研经费管理方式,探索基于信任和诚信的科技评价制度和经费管理制度,给予科研人员更大的经费使用自主权,将科学家从报表、审批等过多的事务性工作中解放出来,并赋予更大技术路线决定权和经费使用权。又比如,完善以学术贡献和价值创造为导向的分类评价体系,促进科学家专心、安心投入到创造性活动中,营造鼓励探索、宽容失败、开放包容的创新生态。

3. 产业发展的可行性路径

基础研究是整个科学技术体系的源头,也是突破核心技术问题的根源所在。没有"从0到1"的原创性突破,科技创新就是无源之水、无本之木。因此,坚持聚焦国家战略使命和具有比较优势的重点领域,着重强调建立彰显上海科创中心优势的基础研究任务体系,在引领性原创成果重大突破上体现上海作为。

一是注重科技发展规律与上海创新实际相结合。按照"四个面向"(面向世界科技前沿、面向经济主战场、面向国家重大需求、面向人民生命健康)要求,坚持自由探索与战略引领并重,聚焦张江综合性国家科学中心,建设世界级大科学设施集群,发挥国家战略科技力量"压舱石"作用。以三大先导产业为例,通过加强基础研究和应用基础研究,实现关键核心技术突破,着重解决好集成电路高端芯片制造、人工智能算法算力、生物医药"救命药"等"关键命门"问题。

二是注重政府引导与创新主体自身相结合。面向高校和科研院所,要发挥其基础研究主力军作用,赋予科研单位和科研人员更大自主权,为科研人员打造潜心、高效工作的"小环境"。面向企业技术创新主体,要充分发挥市场在科技资源配置中的决定性作用,以需求为牵引、以应用为导向,引导企业及社会力量加大基础研究投入,从产业升级、民生改善等实践中发现凝练、参与解决基础难题。此外,还要充分发挥国家实验室、高水平科研机构和重大项目在引才育才方面的牵引作用,加快吸引和集聚一批高层次人才。

三是注重科研环境营造与体制机制改革相结合。科技领域是最需要不断改革的领域。《若干意见》总结吸纳成功经验，固化行之有效的政策举措。比如，加快构建关键核心技术攻关新型举国体制，对重点攻关项目实行"揭榜挂帅"，这是提升科技创新体系化能力的关键一招，也是运用制度优势应对风险挑战的重要法宝。

4. 基础研究分析

第一，基础研究投入稳步增长，对创新发展的支撑力不断提升。图 4.1 展示了2009—2022 年上海研究投入的变动情况，主要从研究总经费、基础研究投入、应用研究投入和试验发展投入四个维度进行对比。纵向来看，四项指标均呈现出逐年递增的显著趋势。这一显著增长的现象表明上海非常关注科学技术的研发投入，且在近几年尤为明显。横向对比发现，试验发展的投入比重更大，应用研究次之，基础研究最小。现有数据分析表明，上海基础研究投入虽然逐年增长，但尚且不足，有待提升的空间巨大。为了更好地发挥区域经济建设的创新潜力，上海亟须加大基础研究投入，关注应用研究领域的不足，为创新策源聚力。

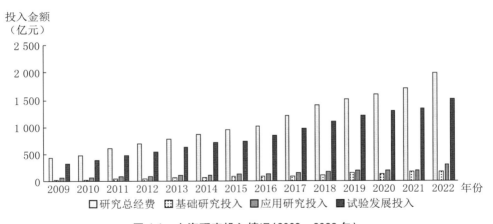

图 4.1　上海研究投入情况(2009—2022 年)

资料来源：《中国科技统计年鉴》。

第二，基础研究对科创企业发展的支撑作用凸显，后劲有待提升。图 4.2 展示了 2009—2022 年上海基础研究占研究总经费的比重情况，进一步清晰地展示出上海市创新投入的程度。2009—2022 年，上海的基础研究投入占比总体呈现出向上的趋势,较好地验证了基础研究对科技创新发挥着显著的源头供给和引领作用。具体来看,基础研究投入占比大致表现出三至四年周期内的较大波动情况,进一步强调了在技术颠覆的新形势下,上海亟须千方百计发展基础研究。

图 4.2　上海基础研究投入占比(2009—2022 年)

资料来源:《中国科技统计年鉴》。

第三,政府科研投入信心十足,科技创新空前活跃。图 4.3 展示了 2009—2022 年上海基础研究的投入金额情况。总体来看,政府不断加大基础研究投入的趋势

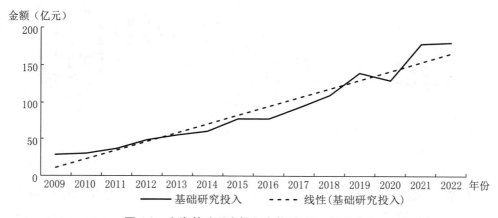

图 4.3　上海基础研究投入金额(2009—2022 年)

资料来源:《中国科技统计年鉴》。

明显,大致拟合成向右上方增长的态势,营造良好的基础研究科研环境已然成为定局。进一步地,全球科技创新进入空前密集活跃期,基础前沿领域孕育重大突破,各种技术路线、创新路径层出不穷。

第四,充分借鉴北京产业创新的特色之处,大力培育上海科创中心的前沿优势。图 4.4 展示了 2009—2022 年基础研究投入金额的横向对比情况,主要选择上海、北京和全国均值进行比较。数据结果显示,总体看来,全国基础研究投入水平的增长态势良好,并长期保持稳步上升。上海作为经济中心的前沿阵地,基础研究投入也一直高于全国平均水平,较好地验证了国家重点培育上海科创中心的技术研发和产业发展政策。但是,与北京相比,上海的基础研究投入水平仍有一定的差距,尚有较大提升的空间,这也为后续的产业创新政策制定指明了方向。

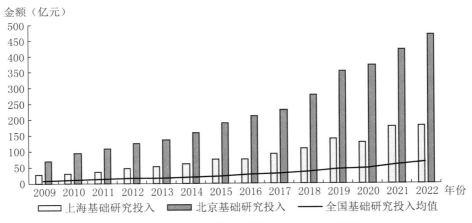

图 4.4　基础研究投入横向对比情况(2009—2022 年)

资料来源:《中国科技统计年鉴》。

第五,创新基础研究组织形式刻不容缓,完善科创队伍和研发环境是大势所趋。图 4.5 展示了 2009—2022 年基础研究投入占比的横向对比情况,主要将上海与北京、全国平均水平进行对比。从全国平均水平来看,上海基础研究投入占比和全国均值保持同步平稳上升的趋势,并且始终高于全国大部分地区,处于基础研究投入的高位,说明这是上海是引领中国做大做强的创新引擎,提升原始创新能力的

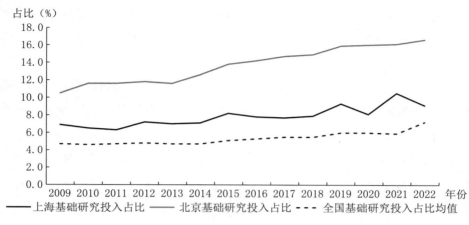

图 4.5 基础研究占比横向对比情况(2009—2022 年)

资料来源:《中国科技统计年鉴》。

关键所在。但是,与北京基础研究投入占比的对比发现,上海与北京基础研究投入占比差距过大,表明上海基础研究投入占比的组织形式需要不断创新,创新人才队伍亟须进一步扩大,科研环境的完善任重道远。

5. 技术引进分析

上海致力于发展现代技术要素市场,发布了一系列技术引进政策,进一步激发技术要素市场活力,深化技术要素市场化配置改革,提升科技成果转化效率,对于推进上海科创中心建设至关重要。因此,具体分析技术引进市场发展现状特点,对推进技术引进市场高质量发展具有重要意义。

第一,对经济发展、创新发展的支撑力不断提升。据《2022 上海科技成果转化白皮书》数据显示,技术引进市场对地区经济发展的贡献保持稳中有升的态势,2022 年上海技术合同交易金额突破 4 000 亿元,技术合同成交平均单笔交易金额为 1 046.26 万元,同比增幅均达 40% 以上。其中,技术交易额达到 3 120.11 亿元。2015—2022 年,上海技术合同成交金额逐年递增;在 2020 年后,技术合同成交金额增长趋势明显加快,远高于 R&D 经费内部支出增幅。在 2022 年的四类技术合同中,技术开发与转让合同成交金额达 2 244.41 亿元,在技术合同成交金额中的占比超过 50%。

第二,长三角区域技术引进更加活跃。由《2023 长三角区域协同创新指数》可以看出,上海输出到长三角地区的技术引进合同金额逐年上升,2022 年上海输出到长三角技术合同达 976.80 亿元,是 2018 年 172.79 亿元的 5.0 倍,占上海对外技术合同输出的比重从 2018 年的 32.34% 提高至 2022 年的 42.63%。2022 年,上海向长三角地区输出专利 3 891 件,是 2018 年 932 件的 4.1 倍,上海策源、长三角孵化已经成为串联创新链、产业链、人才链、资金链跨区域合作的空间新范式,为助推中国高水平科技自立自强提供了长三角模式。

第三,区域集聚特征较为明显。《2022 全国技术市场统计年报》和《2022 上海科技成果转化白皮书》发布显示,上海技术引进集聚在创新资源密集的区域,区域集聚分布特征明显。上海技术创新要素资源呈高度集聚态势。从技术合同金额占比和技术合同数量占比可以看出,2022 年排名前五位的区(浦东新区、徐汇区、黄浦区、杨浦区、嘉定区)合计技术引进合同金额占全市比重达到 85.03%;技术合同数量排名前五位的区(徐汇区、杨浦区、浦东新区、宝山区、长宁区)合同数量合计占全市的比重达到 80.61%。

6. 科创中心建设的成果与展望

上海的产业现代化发展紧紧围绕基础科学研究和关键核心技术,以科技创新基地体系为支撑、世界一流科研机构为标志、科研基础条件为保障,形成战略目标明确、运行机制高效、资源整合有力的基础研究力量体系化布局。国家发改委和上海市会同科技部、中科院等部门成立了推进科创中心建设办公室,坚持按季度调度协调,大力推动优势创新资源加速向上海集聚。上海科技创新中心建设取得了一系列成果,可以概括为"三个重大"。

第一,张江综合性国家科学中心建设取得重大进展。张江综合性国家科学中心是上海国际科创中心的内核支撑,是促进重大原始创新成果产出的战略高地。2016 年,国家发改委和科技部批复建设张江综合性国家科学中心,经过多年持续发力,一手抓重大科技基础设施,一手抓重大创新平台,张江综合性国家科学中心的全球影响力、竞争力和显示度持续提升,原始创新能级也在进一步强化。第二,产业创新高地建设取得重大成效。一方面强化顶层设计,研究编制了三大产业创新高地建设方案;另一方面,狠抓成果产出,关键核心技术加快突破,产业创新成果不断涌现,集成电路先进工艺实现量产,自主研发的装备材料取得突破,先进分子成像等高端医疗影像设备上市。第三,体制机制改革取得重大突破。坚持科技创新和制度创新双轮驱动,围绕政府创新管理、科技成果转移转化、收益分配、创新投入、人才发展、开放合作等 6 个方面开展全面创新改革试验,各项试验任务顺利完成。在全国复制推广的 56 条改革经验举措中,上海贡献了 12 条,位居全国前列。

锚定 2035 年远景目标,围绕科技创新中心建设需求,立足上海发展实际。到 2025 年,上海科技创新策源功能明显增强,努力成为科学新发现、技术新发明、产业新方向、发展新理念的重要策源地,科技创新全面赋能高质量发展、高品质生活、高效能治理,为 2030 年形成具有全球影响力的科技创新中心城市的核心功能奠定坚实基础。为提升上海"五个中心"能级和城市核心竞争力提供重要支撑,表 4.1 列示了"十四五"时期,上海科技创新中心在研发经费、基础研究经费、高新技术企业数量、国际专利申请量等方面预期性指标的目标值,更为有力地证实了上海建设具有全球影响力的科创中心的雄心壮志。

表 4.1 "十四五"时期上海科技创新中心主要指标

指标(预期性)	2025 年目标值
全社会 R&D 经费支出相当于全市生产总值(GDP)比例(%)	4.5%左右
基础研究经费支出占全社会 R&D 经费支出比例(%)	12%左右
高新技术企业数量(万家)	2.6 万家
通过《专利合作条约》(PCT)途径提交的国际专利年度申请量(件)	5 000 件左右
每万人口高价值发明专利拥有量(件)	30 件左右
战略性新兴产业增加值占 GDP 比重(%)	20%左右
技术合同成交额占 GDP 比重(%)	6%左右
外资研发中心(家)	累计 560 家左右

资料来源:《上海市建设具有全球影响力的科技创新中心"十四五"规划》。

具体措施如下:第一,加快完善科研基地体系。面向科学与工程研究、技术创新与成果转化、基础支撑与条件保障,积极争取国家级科研基地平台落户上海,健全完善市级科研基地平台体系,优化上海科研基地平台布局方向和管理体制。第二,大力建设高水平研究机构。聚焦重点领域,探索优化组织模式、管理体制和运行机制,加速打造一批高水平研究机构。第三,不断强化科研基础条件支撑力量。以自主可控和高效利用为目标,聚焦关键科研仪器、基础科研软件和科学数据库,以及国际学术期刊等方面加快布局。

4.2　上海产业发展的现有成果

4.2.1　创新基础

1. 专利申请量不断攀升

从图 4.6 可知,自中国加入 WTO 以来,上海的专利申请数量呈现显著的增长趋势,这直接体现了产业的成熟度和竞争力的提升。

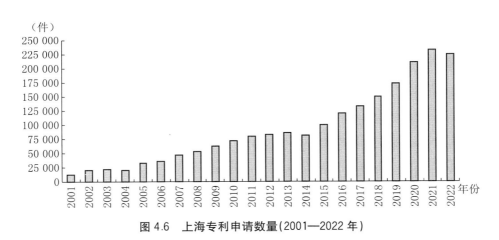

图 4.6　上海专利申请数量(2001—2022 年)

资料来源:国家知识产权局(2022 年的数据仅供参考)。

图 4.7 展示了 2001—2022 年上海三类专利申请占比变化。发明专利占比的增长标志着基础研究和原创创新的加强，这对于建立产业链上的核心技术和增加附加值至关重要。拥有原始专利可以减少对外部技术的依赖，从而在全球供应链中减少潜在风险，尤其是在面对贸易摩擦和市场变化时；实用新型专利的大量增加表明上海正在进行大量的技术迭代和应用创新。这些实用新型发明通常更快地转化为产品，有助于企业快速适应市场变化，增强其供应链的适应性和韧性。

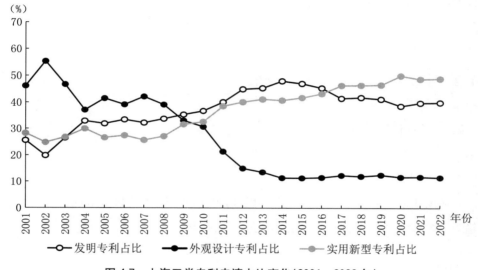

图 4.7 上海三类专利申请占比变化(2001—2022 年)

资料来源：国家知识产权局(2022 年的数据仅供参考)。

如图 4.8 所示，2015—2023 年，上海 PCT 专利申请量不断增长。一个地区的 PCT 专利申请量，是表征技术创新全球化布局的重要指标，反映了申请人在全球化过程中对知识产权的重视，以及 PCT 专利产品和服务在海外市场的扩张。通过 PCT 途径向外国申请专利，可以使专利申请人更有效和更经济地在全球多个市场获得专利保护。在上海科技情报研究所发布的历年《国际大都市科技创新能力评价》报告中，上海 PCT 专利年度公开量从 2005 年的全球第 38 位升至 2022 年的第 6 位。这些具备国际化视野的专利申请人构成了上海产业链供应链韧性的基本元素。

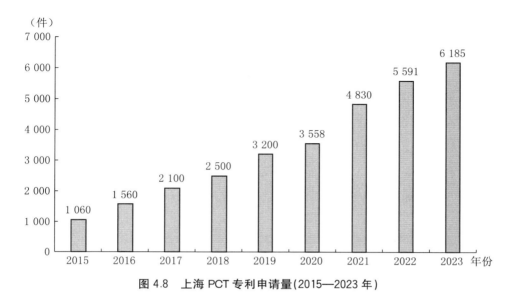

图 4.8　上海 PCT 专利申请量(2015—2023 年)

资料来源:上海知识产权局。

2. 专利技术领域多元化发展

专利申请数据显示上海涉及多元化的技术领域,这些技术领域又对应着多元化的产业布局,这有助于抵御特定行业受冲击时的经济风险,说明上海的产业链供应链具备良好的韧性。首先,对上海 2001—2021 年的专利申请数据进行 IPC 分

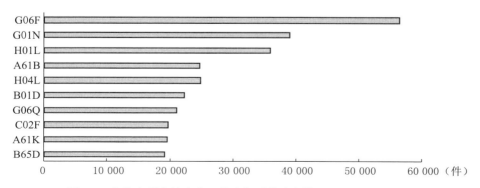

图 4.9　上海专利申请中主要技术领域的分布情况(2001—2021 年)

资料来源:国家知识产权局。

类号频次统计,得到如图 4.9 所示的主要技术领域分布情况。从图 4.9 可知,G06F(电数字数据处理)是上海继续创新的主要领域,该领域的专利申请量远超其他技术领域;其次为 G01N(借助于测定材料的化学或物理性质来测试或分析材料)、H01L(不包括在大类 H10 中的半导体器件)和 A61B(诊断;外科;鉴定)。

其次,基于国民经济分类的小类,进一步对上海 2001—2021 年的专利申请数据进行频次统计,得到如图 4.10 所示的应用领域前十名。从图中可发现,上海所申请专利主要应用于 C4090(其他仪器仪表制造业),其次为 C4028(电子测量仪器制造)、C4320(通用设备修理)、C3581(医疗诊断、监护及治疗设备制造)。

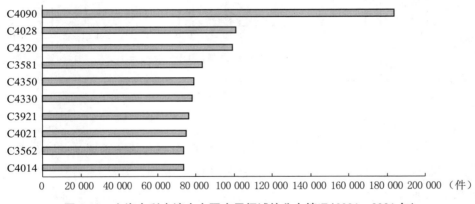

图 4.10　上海专利申请中主要应用领域的分布情况(2001—2021 年)

资料来源:国家知识产权局。

4.2.2　专利价值分析

1. 专利维持年限情况表现不佳

专利维持反映出市场对专利价值的认可程度,维持年限较高的专利往往具有较高创新性及商业价值。而上海在专利的维持年限上有所欠缺,说明当地的专利申请更多体现了当下的市场价值,而难以对长远的产业链供应链韧性发挥积极作用。以 5 年为时间段对上海的失效专利维持年限进行统计,结果如表 4.2 所示。

就发明专利而言,维持年限大于 10 年的专利在总样本中的占比不足 20%。一方面说明技术的更新速度之快,另一方面也说明上海在发明专利的价值上表现不佳。实用新型和外观设计专利也存在类似的问题,但总体的维持年限相对于其生命周期来说已经有所延长。

表 4.2　上海三类专利维持年限情况(2001—2021 年)

	发明专利	实用新型专利	外观设计专利
小于 5 年(不含 5 年)	33%	57.21%	66.73%
5—10 年(不含 10 年)	48.70%	42.79%	33.27%
10—15 年(不含 15 年)	12.47%	—	—
大于等于 15 年	5.83%	—	—

资料来源:国家知识产权局。

2. PCT 专利平均质量有待提升

虽然具有稳定的技术基础,但在全球范围内,上海的专利影响力和高质量专利的比例仍有提升的潜力。从这两个维度来看,上海仍面临一定程度上的产业链供应链风险。2019—2021 年,全球 50 个城市的 PCT 专利平均质量数据提供了关于这些城市在全球产业链中的技术创新地位和潜在风险管理能力的见解。如表 4.3 所示,专利质量通常通过多个维度评估,包括专利规模、权利要求数量、被引用数量以及高质量专利的占比等因素。根据《2022 国际大都市科技创新能力评价》,上海在全球 50 个城市中排名第 31 位,处于中等水平,意味着虽然上海专利的规模和权利要求数量不是最高的,但仍然具有相对全面的技术覆盖和保护力度。

表 4.3　全球 50 个城市 PCT 专利平均质量(2019—2021 年)

排名	城市	同组专利平均规模	平均权利要求数量	平均被引用数量	高质量专利占比	得分
1	美国剑桥	4.25	59.34	1.53	35.31%	0.76
2	亚特兰大	3.79	28.26	10.56	15.92%	0.63

续表

排名	城市	同组专利平均规模	平均权利要求数量	平均被引用数量	高质量专利占比	得分
3	西雅图	3.97	43.10	1.76	22.88%	0.56
4	波士顿	3.75	46.27	1.01	25.61%	0.56
5	费城	3.93	35.54	0.78	26.43%	0.52
6	旧金山	4.05	32.42	2.35	19.45%	0.50
7	圣地亚哥	4.15	39.25	1.56	13.91%	0.49
8	哥本哈根	3.98	29.58	0.81	24.77%	0.49
9	墨尔本	4.11	33.24	0.48	2120%	0.48
10	多伦多	3.72	35.77	0.95	21.92%	0.48
11	纽约	4.02	32.80	1.33	17.82%	0.46
12	蒙特利尔	3.77	35.95	0.65	19.05%	0.45
13	伦敦	4.16	24.44	0.76	19.14%	0.43
14	芝加哥	4.14	28.09	1.41	14.53%	0.43
15	悉尼	3.78	30.11	0.58	18.63%	0.42
16	阿姆斯特丹	4.20	20.75	0.59	18.89%	0.41
17	苏黎世	3.50	25.83	0.98	21.83%	0.40
18	洛杉矶	3.50	34.99	1.25	13.68%	0.39
19	斯德哥尔摩	3.33	30.24	0.76	20.08%	0.39
20	维也纳	4.49	16.07	0.53	11.86%	0.36
21	香港	3.84	20.38	1.39	13.79%	0.36
22	华盛顿特区	3.13	29.39	0.81	15.96%	0.34
23	台北	4.41	17.62	0.48	8.81%	0.33
24	柏林	4.05	17.66	0.53	11.89%	0.33
25	休斯敦	3.98	21.54	0.85	8.96%	0.32
26	北京	3.81	20.69	1.82	7.16%	0.31
27	新加坡	3.30	21.20	0.92	15.29%	0.31

续表

排名	城市	同组专利平均规模	平均权利要求数量	平均被引用数量	高质量专利占比	得分
28	巴黎	4.06	15.39	0.45	10.96%	0.31
29	首尔	4.26	13.87	0.55	8.27%	0.30
30	杭州	3.80	16.76	1.79	7.88%	0.30
31	上海	3.70	18.20	1.22	9.88%	0.30
32	武汉	3.97	15.56	3.02	2.46%	0.30
33	巴塞罗那	3.73	18.46	0.39	11.27%	0.29
34	大田	4.07	14.15	0.48	8.71%	0.28
35	成都	3.57	16.15	1.93	7.76%	0.28
36	米兰	3.47	15.31	0.35	13.32%	0.27
37	慕尼黑	3.66	15.57	0.59	8.90%	0.26
38	马德里	3.64	15.53	0.37	9.80%	0.26
39	东京	3.98	11.71	0.37	7.97%	0.25
40	大阪	3.97	10.74	0.37	8.39%	0.25
41	深圳	3.18	20.48	1.54	6.08%	0.24
42	罗马	3.30	15.00	0.29	11.90%	0.24
43	南京	3.17	11.88	1.46	8.56%	0.21
44	京都	3.62	11.25	0.30	6.94%	0.21
45	广州	3.18	12.07	1.83	5.14%	0.20
46	西安	3.10	11.96	1.60	5.08%	0.18
47	圣保罗	3.18	12.11	0.25	7.43%	0.18
48	莫斯科	3.03	10.83	0.49	6.50%	0.15
49	德黑兰	1.78	14.83	0.45	7.61%	0.07
50	伊斯坦布尔	2.06	10.88	0.16	7.27%	0.06

资料来源:《2022 国际大都市科技创新能力评价》。

4.2.3 专利申请人分析

1. 专利申请人类型分布不均

如图 4.11,从上海申请人类型构成情况来看,各申请人类型分布不均匀,说明上海产学研协调创新程度有待进一步加强。具体来说,企业是上海专利申请的主体,其申请量占上海总专利申请量的 75.28%;排名第二的申请主体为高校,其申请量占比为 11.05%;个人以 7.70% 的占比位列申请量第三;科研院所及机关团体的专利申请量占比为 5.97%,申请数量不多。

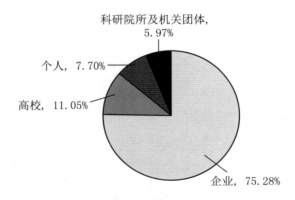

图 4.11 上海专利申请人类型构成(2001—2021 年)

资料来源:国家知识产权局。

尽管高校和科研院所在整体上不构成上海专利申请人的主体类型,但一流高校与科研院所仍表现突出。对上海 2001—2021 年主要申请人进行统计,得到专利主要申请人名单前 20 名,如图 4.12 所示。申请量排名前四位的主体为高校及科研院所。其中,上海交通大学的专利申请数量最多,位列第一;中国科学院位列第二;同济大学位列第三;复旦大学位列第四。中国宝武钢铁集团、上海汽车工业集团、东华大学、上海大学等分别位列第五位至第八位。

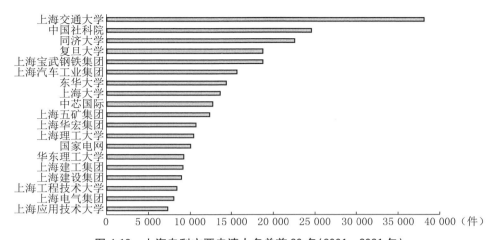

图 4.12　上海专利主要申请人名单前 20 名(2001—2021 年)

资料来源:国家知识产权局。

2. PCT 专利申请人本地化水平不高

专利申请人作为创新主体,在技术研发中处于主导地位,对于 PCT 专利更是如此。尽管上海 PCT 专利的申请人来自世界各地,充分彰显了其产业链供应链布局的全球化,但上海本地缺少研发实力较强的机构。表 4.4 显示了 2021 年上海 PCT 排名前十的专利申请人,其中信息技术企业占六席。在这十家企业中,总部不在上海本地的企业有四家,这一现状不利于提升其产业链供应链韧性以应对风险。

表 4.4　2021 年上海 PCT 专利申请人前十位排名

排名	专利申请人	专利数量(族)	机构属性	总部城市
1	诺基亚网络有限公司	190	企业	埃斯波
2	上海诺基亚贝尔股份有限公司	177	企业	上海
3	长江储存科技有限责任公司	122	企业	武汉
4	上海交通大学	119	高校	上海
5	上海朗帛通信技术有限公司	107	企业	上海
6	商汤科技开发有限公司	98	企业	香港

续表

排名	专利申请人	专利数量(族)	机构属性	总部城市
7	华城视觉科技有限公司	72	企业	上海
8	宝山钢铁股份有限公司	71	企业	上海
9	欧普照明股份有限公司	69	企业	上海
10	夏普株式会社	64	企业	大阪

资料来源:国家知识产权局。

4.3 上海技术复杂度与技术空间

4.3.1 稀有性在技术复杂度中的作用愈发凸显

决定区域竞争力的关键是复杂的技术和知识,越复杂的技术包含越多的隐性知识,越难以模仿和复制。社会经济网络在知识和技能积累中起到重要作用。这种网络促进企业间和个人间的分享和学习,促进依赖于复杂知识和技能融合的复杂经济活动的增长。演化经济地理理论同样强调企业隐性知识及吸收、重组的重要性。增长和创新都是知识的重组过程,由于隐性知识难以传播,其吸收和重组取决于企业间的人才流动,这种交流促进了集体学习和复杂知识的产生。这个过程是高度本地化的,从而导致复杂知识及依赖于复杂知识的经济活动高度集聚在合作网络较为密集的大城市。城市的知识复杂性影响其潜在的排他性和价值,城市可以从对复杂技术的掌握中建立比较优势并获取垄断性技术租金,从而提升产业链供应链韧性以应对全球风险。

本节借鉴伊达尔戈等人(Hidalgo et al.,2007)的研究,利用反射法计算不同技术类别和上海各区的技术复杂性。首先,基于上海全部发明专利和实用新型专利的 IPC 分类号计算各区(c)在这些不同分类号技术(p)上的显性比较优势($RCAcp$)。如果 $RCAcp>1$,则表明区域 c 在技术 p 上具有比较优势。基于 $RCAcp$ 构建一个邻接矩阵M，矩阵的每行代表一个地区，每列代表一种 IPC 分类号技术。如果$RCA_{cp}>1$，那么$M_{cp}=1$；否则为 0。对矩阵分别进行横向加总和纵向加总，得到衡量地区c技术多样性水平（值越大，多样性水平越高）：$k_{c,0}=\sum_p M_{cp}$，以及技术p的稀有性水平（值越大，稀有性水平越低）：$k_{p,0}=\sum_p M_{cp}$。通过反射法对$k_{c,0}$和$k_{p,0}$进行 N 次迭代，能得到一个稳定的结果，那么一个地区c在整体上的技术复杂度可定义为：$k_{c,N}=\dfrac{1}{k_{c,0}}\sum_p M_{cp}k_{p,N-1}$。由该公式可知，一个地区的技术复杂度由该地区的技术多样性以及这些技术本身的稀有性同时决定。

图 4.13 分别绘制了 2010 年和 2020 年上海各区的技术复杂度及其对应的技术多样性。可以看出，不论是 2010 年还是 2020 年，技术复杂度都与技术多样性存在一定的正相关关系。但随着时间推移这种正相关关系在减弱（相关系数从 0.55 将至 0.05），散点图更加分散。这说明各地技术复杂度的技术不仅仅依赖多样化，技术本身的稀有性也成为重要的考虑因素之一。例如，浦东新区的技术多样性呈现下降趋势，但其技术复杂度的地位在全市仍然保持前列，说明浦东新区的技术具有更强的稀有性和更高的价值，这对于维持整个上海产业链供应链韧性具有积极意义。

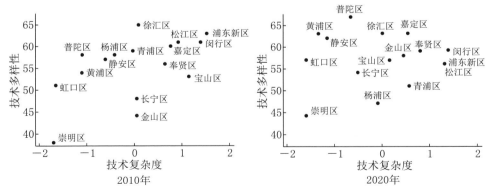

图 4.13　2010 年和 2020 年上海各区技术复杂度与技术多样性的关系对比

注：在 2020 年图形中，松江区与浦东新区位置重名。
资料来源：国家知识产权局。

4.3.2 技术空间网络愈发密集

技术空间网络可以反映不同技术之间的知识联系网络。本节基于上海全部发明专利和实用新型专利,利用共现分析法确定不同 IPC 分类号的技术关联度(Balland and Rigby,2017)。该方法的基本原理是,如果两个 IPC 分类号的专利总是被不同地区同时申请,那么就说明这两类技术之间存在互补或替代关系。如图 4.14,以 2010 年和 2020 年上海技术空间网络图为例,每个点代表一个 IPC 分类号技术领域,点的大小代表截至 2010 年和 2020 年上海对每个 IPC 分类号的专利申请量,两点之间连接线的粗细程度代表两类技术的相关程度。为了显示效果,删除技术关联度小于 1.5 的连线,并将属于不同 IPC 部的技术用不同的灰度显示。

由图 4.14 可知,2010—2020 年上海技术空间网络经历了一个从稀疏到密集的过程,技术间的联系越来越紧密,同一技术的专利申请量也越来越多。这代表上海

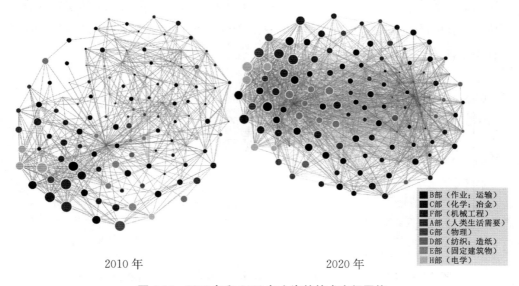

| 2010 年 | 2020 年 |

B部（作业；运输）
C部（化学；冶金）
F部（机械工程）
A部（人类生活需要）
G部（物理）
D部（纺织；造纸）
E部（固定建筑物）
H部（电学）

图 4.14　2010 年和 2020 年上海的技术空间网络

资料来源:国家知识产权局。

整个产业链上下联系紧密,与战略新兴产业最相关的 G 部(物理)与 H 部(电学)技术得到一定的发展,产业链自主权得到加强。截至 2010 年,上海主要在 B 部(作业;运输)领域进行了多样化的专利申请,专利间的联系也主要集中在 B 部和 A 部(人类生活必需品)之间。到 2020 年,上海以 B 部的技术优势带动了 C 部(化学;冶金)、G 部和 H 部,并且这些技术领域之间的联系极大地提升了整个城市技术网络空间的联系密度。

4.3.3　技术复杂度呈上升趋势,但难以对北深两市形成追赶之势

从全国范围内来看,2010—2020 年上海的技术复杂度呈上升趋势,但难以对北京、深圳两市形成追赶之势。为了将代表上海产业链韧性的技术复杂度与国内其他地级市进行比较,同样以 2010 年与 2020 年为例,基于全国全部发明专利和实用新型专利的 IPC 分类号,再次利用反射法计算不同技术类别和各地级市的复杂性。表 4.5 列出了 2010 年及 2020 年技术复杂度排名前十的城市名单。对比 2010 年和 2020 年的第十名,技术复杂度从 1.80 上升到了 2.53,这说明国内整体的

表 4.5　2010 年及 2020 年技术复杂度排名前十的城市

2010 年排名	城市	技术复杂度	2020 年排名	城市	技术复杂度
1	深圳	6.00	1	北京	6.12
2	北京	5.09	2	深圳	5.12
3	上海	3.04	3	上海	3.90
4	广州	2.68	4	杭州	3.55
5	福州	2.32	5	东莞	3.28
6	惠州	2.30	6	广州	3.26
7	绵阳	2.22	7	珠海	2.82
8	成都	2.21	8	成都	2.74
9	杭州	2.03	9	武汉	2.67
10	西安	1.80	10	南京	2.53

资料来源:国家知识产权局。

供应链韧性都有了显著的提升。北京、深圳、上海的技术复杂度仍是国内各城市中的排头兵,上海一直保持在第三名。尽管如此,上海与第二名的技术复杂度差距仍然非常显著,这与深圳复杂度较高的电子通信产业、北京的首都区位和政策优势以及强大的人才资源密不可分。

4.4 上海重点产业技术安全分析

4.4.1 汽车产业

上海作为中国最大的汽车制造中心之一,汽车产业是上海经济发展的重要基石。据上海市经信委智能制造推进处时任副处长陈可乐介绍,2022 年上海的汽车产量达到 302 万辆,位居全国第二,占全国总产量的 11.5%。客观来看,汽车产业一直是上海最为重要的制造业领域之一,也是上海外贸和出口的重要部门之一。据估算,2021 年上海汽车行业的总产值是 7 586 亿元,占上海 GDP 的 17.5% 左右。保障上海汽车产业技术安全对保持上海经济稳定发展和中长期增长活力具有重要意义。

上海汽车产业对 PCT 专利和美欧专利的依赖度进一步提升,国际影响力有所下降,汽车产业技术安全风险存在进一步扩大的可能。境外专利引用率在 2010—2020 年间提升了 2 个百分点,2020 年达 7%。

从上海汽车产业技术创新引用情况来看,上海汽车产业发明专利大量引用境外和 PCT 专利。图 4.15 展示了除本土专利外,上海企业引用专利的主要来源地,排名前三的是 PCT 专利、美国和欧盟地区。根据图 4.16 显示,上海汽车产业引用境外和 PCT 专利的占比持续攀升。2009 年以前,基本稳定在 4% 左右,而 2009—2020 年间处于 6% 左右的水平,并呈现出进一步增长的态势。这表明上海汽车产业的发明专利对 PCT 专利和境外专利的依赖度进一步提升。

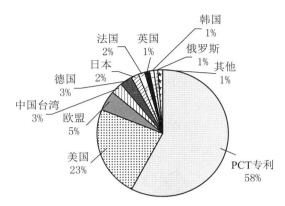

图 4.15　上海汽车产业专利引用主要来源地分布(2010—2022 年)

资料来源:作者结合国家知识产权局专利申请和引用数据自行测算。

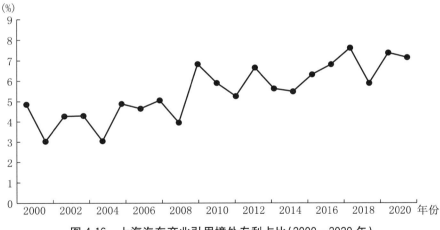

图 4.16　上海汽车产业引用境外专利占比(2000—2020 年)

资料来源:作者结合国家知识产权局专利申请和引用数据自行测算。

从汽车产业的专利被引用情况来看,上海汽车产业发明专利被引用情况逐年上升,但主要是来自本土的自引。图 4.17 展示了上海汽车专利被其他国家和地区的引用情况。可以发现,其他国家和地区中引用上海汽车专利最多的是美国、日本和韩国,表明上海的汽车发明专利对这些地区的汽车产业创新产生了一定的溢出效应。图 4.18 展示了上海汽车产业专利平均被境外引用的占比情况,总体呈现下降趋势,从 2010 年的 30％左右下降到 2020 年的 20％左右,这意味着只有约五分之一的专利会被境外企业引用。这表明,上海汽车产业技术创新对国外汽车产业的影响力有所收缩。

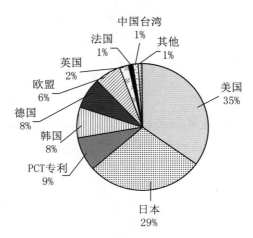

图 4.17　上海汽车产业专利被引用主要地区分布(2010—2022 年)

资料来源:作者结合国家知识产权局专利申请和引用数据自行测算。

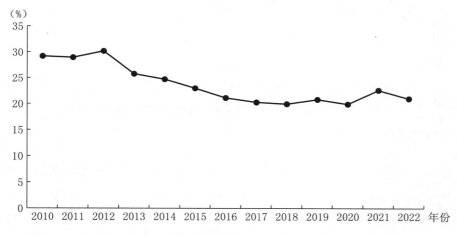

图 4.18　上海汽车产业专利被其他国家和地区引用占比情况(2010—2022 年)

资料来源:作者结合国家知识产权局专利申请和引用数据自行测算。

从上海汽车产业发明专利的相似专利来看,据谷歌专利数据库提供的相似专利比对分析可以发现,上海汽车产业发明专利的平均相似专利个数约为 24 个,意味着在平均意义上,上海汽车产业每 1 个专利在全球具有 24 个类似的专利,专利的可替代性相对较高,国际竞争力有待进一步提升。同时,从相似专利的地区分布来看,排名前四的国家和地区分别是美国、日本、韩国和欧盟,结合专利引用和被引用数据可以发现,上海汽车产业发明创造的主要国际竞争对手正是美国、日本和韩国。还可以发现,美国、日本和韩国对上海汽车专利的引用相对较高,但欧盟的引用却较少,上海汽车产业如果面临来自欧盟的不利冲击,如双反调查等,那么在从技术和专利的角度进行反击可能难以达成预期效果,因此需要重点关注欧盟汽车产业管制措施等最新动态。

4.4.2　集成电路产业

集成电路产业在中国节点城市的合作伙伴数量不断增加,北京、深圳和上海更是逐步占据了合作网络的核心地位,国际影响力和技术安全水平不断提升。据测算,2010 年以来,上海集成电路产业境外专利引用率稳定在 9% 左右,对外依赖度保持稳定,且主要引用自 PCT 专利、美国、中国台湾和欧盟。2016—2022 年,平均专利境外被引用率从 22% 逐步上升到 28%,主要集中于美国、日本、韩国、欧盟和中国台湾,国际影响力和技术实力正在不断增强,技术安全水平不断提升。

集成电路是上海等城市重点发展的核心领域之一,也是美国对华技术审查四大领域中的重要板块。明确中国节点城市在集成电路产业的创新网络地位对国内相关产业发展、应对美国制裁等都具有重要现实意义。根据 IPC 分类号关键词,本节提取了 H02M(用于交流和交流之间、交流和直流之间、或直流和直流之间的转换以及用于与电源或类似的供电系统一起使用的设备;直流或交流输入功率至浪涌输出功率的转换;以及它们的控制或调节)、H05B(电热,其他类目不包含的电照明)、H02H(紧急保护电路装置)、G06F(电数字数据处理)、H01L(半导体器件;其他类目未包含的电固体器件)、H04W(无线通信网络)、G02B(光学元件、系统或仪器)七个细分技术领域相关节点城市的专利申请信息,构建全球城市集成电路产业子合作网络。

图4.19统计了在集成电路产业专利合作网络中,中国节点城市的点度中心性变动趋势。可以发现,在集成电路产业,中国节点城市的合作伙伴数量不断增加,在合作网络中地位不断提升,北京、深圳和上海更是逐步占据了合作网络的核心地位。2017年后,即使经历了中美贸易摩擦等重大国际事件的冲击,中国节点城市的集成电路产业合作对象数量仍不断增长。在集成电路产业,全球城市间的合作关系变得越来越密切,跨城市的合作也越来越频繁。

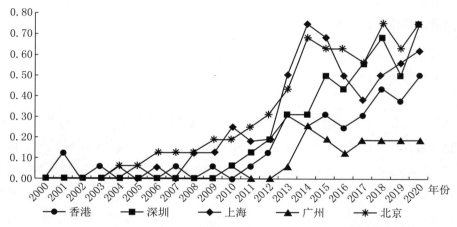

图4.19 2000—2020年集成电路产业中国节点城市合作网络点度中心性统计
资料来源:国家知识产权局。

从上海集成电路产业技术创新引用情况来看,上海集成电路产业发明专利大量引用境外和PCT专利。除本土专利外,上海企业引用专利的主要来源地,排名前五的是PCT专利、美国、中国台湾、欧盟和英国。根据图4.20显示,上海集成电路产业引用境外和PCT专利的占比较为稳定,2001—2020年平均引用了9%的国外和PCT专利,这表明上海集成电路产业的发明专利对PCT专利和境外专利的依赖度保持稳定。但在集成电路产业的部分关键领域,上海对外依赖度仍然维持高位。

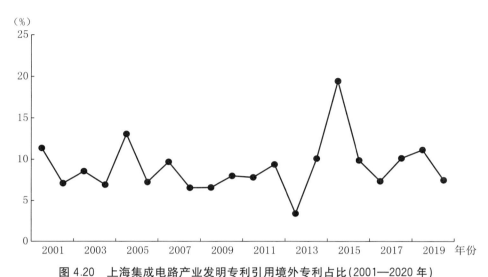

图 4.20　上海集成电路产业发明专利引用境外专利占比(2001—2020 年)

资料来源:作者结合国家知识产权局专利申请和引用数据自行测算。

　　从集成电路产业的专利被引用情况来看,根据测算上海集成电路产业发明专利被引用情况逐年上升,但主要是来自本土自引,自引用率达 64.07%。图 4.21 展示了上海集成电路产业专利被其他国家和地区的引用情况,可以发现其他国家和地区引用上海集成电路产业专利最多的是美国、日本、韩国、欧盟和中国台湾。图 4.22 展示了上海集成电路产业专利平均被境外引用的占比情况,总体呈现先

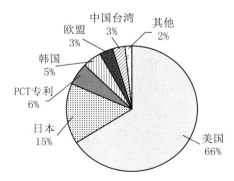

图 4.21　上海集成电路产业专利被引用主要来源地分布(2010—2022 年)

资料来源:作者结合国家知识产权局专利申请和引用数据自行测算。

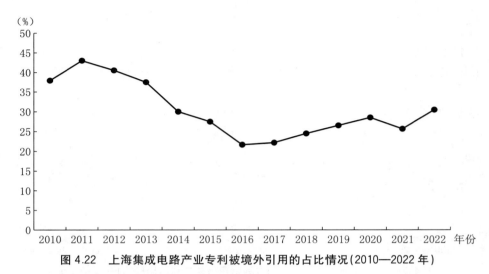

图 4.22 上海集成电路产业专利被境外引用的占比情况(2010—2022 年)

资料来源:作者结合国家知识产权局专利申请和引用数据自行测算。

下降后上升的趋势,从 2010 年的 40% 左右下降到 2016 年的 22% 左右,又逐步回升至 2020 年的 28%,这意味着只有约四分之一的专利会被境外的企业引用。从趋势来看,上海集成电路产业的影响力正在不断增强。

从上海集成电路产业发明专利的相似专利来看,据谷歌专利数据库提供的相似专利比对分析可以发现,上海集成电路产业发明专利的平均相似专利个数约为 24 个,专利的可替代性相对较高,国际竞争力有待进一步提升。同时,从相似专利的地区分布来看,排名前五的分别是美国、日本、韩国、中国台湾和欧盟。

总体来看,上海集成电路产业发展迅速,并且专利质量和专利数量呈现出较好的增长态势,技术安全水平不断提升。但不可否认的是,上海在集成电路产业发展的最新领域、先进制程及关键原材料上和世界一流水平之间仍然存在不小差距,技术安全风险仍不容小觑。

4.4.3 人工智能产业

2023 年,上海规模以上人工智能企业数量已经达到 348 家,2018 年以来几乎翻了一番;产值达到了 3 800 多亿元,几乎是 2018 年的 3 倍;产业人才达到了 23 万,约占全国三分之一。作为上海三大先导产业之一,人工智能产业增长迅速,应用场景广泛,人工智能赋能传统产业极大地提高了生产效率,未来的经济增长将是人工智能等新兴产业的较量。

　　从上海人工智能产业技术创新引用情况来看,与集成电路产业发展情况类似,上海人工智能产业发明专利同样大量引用了境外和 PCT 专利。除本土专利外,上海企业引用专利的主要来源地排名前五的是 PCT 专利、美国、中国台湾、日本和欧盟,如图 4.23 所示。根据图 4.24,上海人工智能产业引用境外和 PCT 专

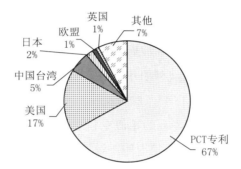

图 4.23　上海人工智能产业专利引用主要来源地分布(2010—2022 年)

资料来源:作者结合国家知识产权局专利申请和引用数据自行测算。

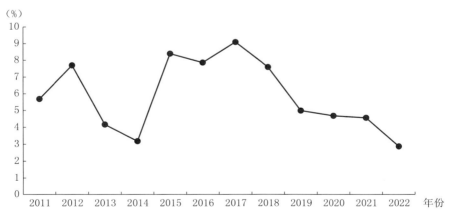

图 4.24　上海人工智能产业发明专利引用境外专利占比(2011—2022 年)

资料来源:作者结合国家知识产权局专利申请和引用数据自行测算。

利的占比波动较大,总体处于 5% 的水平,样本期内全部维持在 10% 以下,并且自 2017 年达到历史高位 9% 以后,逐年下降,2020 年引用国外专利占比不到 5%。就人工智能产业发明专利而言,技术对外依赖度较低。但同时也要认识到,人工智能产业的特殊性,部分成果并非以专利的形式存在,可能以开源算法、开源模型或者人工智能产品而存在,说明上海在人工智能算法、相关硬件等方面对外依赖度仍较高。

从人工智能产业的专利被引用情况来看,据测算上海人工智能产业发明专利被引用情况逐年上升,但主要是来自本土自引,自引用率达 82.72%。图 4.25 展示了上海人工智能产业专利被其他国家和地区的引用情况,排名前几位的分别是美国、日本、韩国、欧盟和中国台湾,这与集成电路产业的整体情况类似。图 4.26 展示了上海人工智能产业专利被境外引用的占比情况。2011—2017 年占比分布波动较大,2018 年以后基本稳定在 15% 左右。

从上海人工智能产业发明专利的相似专利来看,据谷歌专利数据库提供的相似专利比对分析可以发现,上海人工智能产业发明专利的平均相似专利个数约为 18 个,专利的可替代性相对较高,国际竞争力有待进一步提升。同时,从相似专利的地区分布来看,排名前五的分别是美国、日本、韩国、欧盟和中国台湾。

总体来看,上海人工智能产业发展迅速,并且专利质量和专利数量呈现出较好

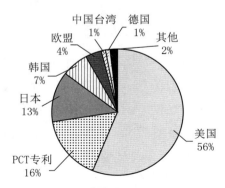

图 4.25 上海人工智能产业专利被引用主要来源地分布(2010—2022 年)

资料来源:作者结合国家知识产权局专利申请和引用数据自行测算。

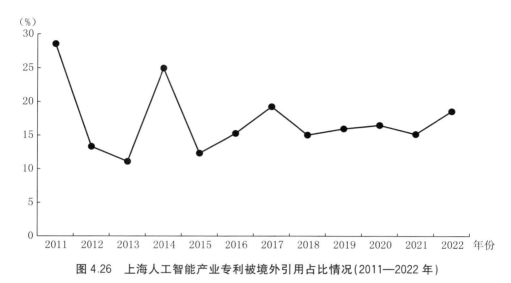

图 4.26　上海人工智能产业专利被境外引用占比情况(2011—2022 年)

资料来源:作者结合国家知识产权局专利申请和引用数据自行测算。

的增长态势,技术安全水平有所提升。说明上海发明专利对外依赖度逐年下降,国际影响力保持温和增长。2020 年引用境外专利占比不足 5%,整体对外依赖度较低。从专利被引用情况来看,与集成电路产业类似,上海人工智能产业主要被引用来源地为美国、日本、韩国、欧盟和中国台湾,平均被引用占比稳定在 17% 左右,但关键算法、重要硬件等领域对外依赖度仍然较高。

4.4.4　生物医药产业

生物医药产业是以新兴技术为基础,发展最快、活力最强、科学技术含量最高的领域之一。这一行业的发展对于人们的健康和安全有着不可言喻的重要意义,同时也能够带来区域竞争能力的增强和经济发展水平的提升。因此,生物医药产业的创新水平和未来发展应该给予足够高的重视。在经济全球化高水平发展的今天,该产业已经不局限在区域内合作,而是借助全球的知识与信息交流实现创新的扩散,推动生物医药创新网络的形成。

从上海生物医药产业技术创新引用情况来看,据测算上海生物医药产业专利中有 24% 引用了境外和 PCT 专利。如图 4.27 所示,除本土专利外,上海企业引用专利的主要来源地排名前五的是 PCT 专利、美国、欧盟、中国台湾和日本。根据图 4.28 显示,上海生物医药产业引用境外和 PCT 专利的占比较高,总体处于 10% 的水平,这与上海国际化水平和生物医药企业国际药企数量较多有关。虽然占比较

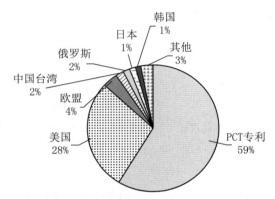

图 4.27　上海生物医药产业专利引用主要来源地分布(2010—2022 年)

资料来源:作者结合国家知识产权局专利申请和引用数据自行测算。

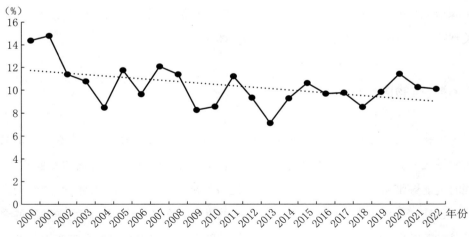

图 4.28　上海生物医药产业专利引用境外专利占比情况(2000—2022 年)

资料来源:作者结合国家知识产权局专利申请和引用数据自行测算。

高,但呈现出一定的下降趋势,这与上海生物医药研发实力和中国生物医药自主研发能力不断增强有关。

从生物医药产业的专利被引用情况来看,虽然本土自引占比较高,但境外对上海生物医药产业专利的引用正在逐步上升。从横向比较来看,图 4.29 展示了上海生物医药产业专利被其他国家和地区的引用情况,可以发现引用上海生物医药专利最多的地区是美国、PCT 专利、日本、欧盟等。值得注意的是,美国、PCT 专利和日本三者的总占比高达 83%,其中美国占比高达 51%,这表明上海生物医药产业专利对美国和日本等国家相关行业具有较大影响力。图 4.30 显示了上海生物医药产业专利的被境外引用的占比情况。2017 年以前,上海生物医药产业专利被境外引用的占比呈现下降趋势。2017 年以后,随着上海生物医药产业专利的积累和研发实力的不断增强,生物医药产业专利被引用情况不断改善。与上海其他重点产业相比,生物医药产业对其他国家的影响力正在逐步上升,一旦面临较强的不利冲击,应对策略相对较为充分。

从上海生物医药产业发明专利的相似专利来看,据谷歌专利数据库提供的相似专利比对分析可以发现,上海生物医药产业发明专利的平均相似专利个数约为

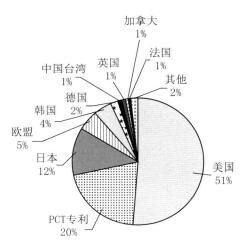

图 4.29　上海生物医药产业专利被引用主要地区分布(2010—2022 年)

资料来源:作者结合国家知识产权局专利申请和引用数据自行测算。

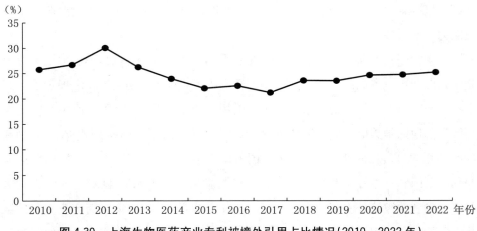

图 4.30 上海生物医药产业专利被境外引用占比情况(2010—2022 年)

资料来源:作者结合国家知识产权局专利申请和引用数据自行测算。

6.74 个,专利的可替代性相对较低,在上海重点产业中竞争力较高。同时,从相似专利的地区分布来看,排名前五的国家和地区分别是美国、日本、韩国、欧盟和俄罗斯。

第 5 章
上海部分重点企业的供应链风险与安全评估

本章首先对上海上市公司的供应链相关财务特征和制造业上市公司的供应链风险进行描述，然后对上海在全球供应链中的地位进行测度，分析上海企业的主要客户与供应商来源地，最后汇总得出供应链的行业特征，从国际客户和供应商占比的角度对上海产业链供应链安全水平进行评估。

对供应链相关财务指标进行分析发现：上海上市公司存货比例稳步下降，存货压力有所缓解，现金持有比例在 2020 年前呈下降趋势，2020 年后有一定反弹，企业可利用现金应对供应链冲击，供应链韧性增强。2012 年第四季度—2023 年第四季度，上海上市公司存货比例由 16.47％下降至 13.03％。现金持有比例在 2020 年前整体呈下降趋势，由 2012 年第四季度的 21.72％下降至 2019 年第四季度的 15.83％，但在 2020 年后，现金持有比例有较大幅度的反弹，在 2023 年第四季度达到 20.08％。

对运营效率进行分析发现：上海上市公司存货周转天数和营业周期在 2020年前均呈下降趋势，运营效率稳步提升，2020 年后有所反弹。2020 年前，上海上市公司的存货周转天数和营业周期分别从 2012 年第四季度的 625 天、672 天下降至 2019 年第四季度的 336 天、416 天，运营效率不断提升。然而 2020 年后，存货周转天数和营业周期有较大幅度的反弹，回升至 2023 年第四季度的 418天、523 天。

对营业收入来源进行分析发现：上海上市公司海外收入比例在 2020 年前快速

上升,国际市场重要性不断提升,2020年后有小幅下降,销售更加集中于国内市场。2014—2020年,上海上市公司海外收入比例由2014年的14.34%上升至2020年的23.39%,年复合增长率达8.65%。2021—2023年,上海上市公司海外收入比例小幅下降,2023年为21.09%。

对前五大供应商、客户数据进行分析发现:上海上市公司供应商集中度、客户集中度和供应链集中度自2018年起快速上升,采购、销售更加集中化,对大供应商、大客户的依赖程度增加。2023年,供应商集中度、客户集中度和供应链集中度分别为37.39%、35.87%、36.63%,较2018年分别增加2.52%、4.95%、3.73%,即销售、采购更加集中于大客户、大供应商。

对年报文本进行分析发现:上海制造业上市公司供应链风险在自2017年起快速上升,在2020年达到最高值后有较大程度下降,2022年位于历史平均水平,重点行业供应链风险处于相对合理水平。2017年起,上海制造业上市公司供应链风险快速上升,由2017年的0.37上升至2020年的0.47,上升了27.03%。2022年,上海制造业上市公司供应链风险为0.36,较2020年最高值下降了23.40%。金属制品业和石油加工、炼焦及核燃料加工业等行业供应链风险较高,可能与原材料价格波动相关,需重点关注。计算机、通信和其他电子设备制造业,以及汽车制造业的风险略高于平均风险,而医药制造业风险显著低于平均风险。

对上海在全球供应链中的地位测度后分析发现:上海企业的客户和供应商平均数量逐年增加,在全球供应链中地位整体呈现上升趋势。参考社会网络的研究,构建供应链网络并采用点度中心性算法计算后发现,一方面,上海企业的供应链绝对中心度在2011—2021年间持续提高,表明个体企业的供应商和客户平均数量在逐年增加,供应链呈现多元化的趋势。另一方面,上海企业供应链相对中心度在2017年前逐渐上升,随后于2018年经历回落,但在2021年重新展现复苏迹象。整体来看,上海企业在全球供应链中地位仍然呈现上升趋势。

对主要客户、供应商来源地分析后发现:主要国家(地区)份额变动小,近邻化特征初显。对比不同年份上海企业的前十大客户、供应商来源地名单,可以看出美国、日本、韩国、欧盟始终为上海企业最大的供应链布局区域,排名变化小。印度、泰国、越南等近邻区域的新兴市场开始出现在前十大客户、供应商来源地名单中，供应链分布呈现近邻化特征。

分析供应链的行业特征发现：除汽车制造业外的其他行业对国外供应商的依赖度普遍较高。通过计算上海的出度、入度中心度最高的十大行业（连接上游供应商、下游客户数量最多的十大行业），发现近年来上海的产业结构在逐步升级和转型，汽车制造业、电子制造行业（软件和信息技术服务业、计算机、通信和其他电子设备制造业）等新兴行业成为上海的支柱产业。然而，除汽车制造业外的其他行业对国外供应商的依赖度普遍较高，国外供应商占比均大于 50%。具体来看，上海的核心产业中汽车制造业的国外客户与供应商占比均小于 50%，表明汽车制造业以内循环为主；软件和信息技术服务业，计算机、通信和其他电子设备制造业，化学原料及化学制品制造业等产业国外客户与供应商占比均大于 50%，表明这些产业以外循环为主，随着逆全球化趋势的出现，相关产业需要警惕供应链出现风险。

5.1　上海部分重点企业的供应链特征和风险分析

作为经济增长的重要引擎和科技创新的先驱，上市公司在上海经济中扮演举足轻重的角色。截至 2023 年 12 月 31 日，根据国泰安数据库统计显示，剔除 ST 公司后的上海地区 A 股上市公司数量共 444 家，公司数量位列全国第五名，总市值达 6.87 万亿元，占 A 股市场总市值规模的 8.84%，仅次于北京和深圳，位列全国第三。上海上市公司 2023 年实现营业收入总额达 6.13 万亿元，占上海规模以上工业企业（45 859.00 亿元）和服务业企业（50 728.86 亿元）营业收入之和的 63.47%。2023 年，实现净利润总额达 3 696.54 亿元，占规模以上服务业企业（4 280.13 亿元）和工业企业（2 519.49 亿元）利润总额的 54.36%。上市公司在上海经济发展中占据重要地位，故本章以上市公司为样本进行供应链特征和风险分析。

5.1.1 上市公司供应链相关财务指标的变化趋势

存货、应收账款和应付账款的是企业供应链管理的重点,而现金可以作为缓冲帮助企业抵御供应链冲击,因此,本节对上述供应链相关财务指标进行分析。如图5.1所示,上海上市公司存货占资产比例稳步下降,由2012年第四季度的16.47％下降至2023年第四季度的13.03％,存货压力有所缓解;现金持有比例在2020年前呈下降趋势,2020年后存在一定反弹。自2020年起,上海企业遭受了不同程度的供应链冲击,规避原材料价格波动、供应链中断等风险的需求增大,企业持有的现金比例显著提升,能在一定程度上抵御供应链风险事件,供应链韧性有所增强。2020年第四季度起,应收账款占资产比例小幅上升,可能与新冠疫情影响下游客户无法及时回款有关;应付账款在样本期间内变化不大。

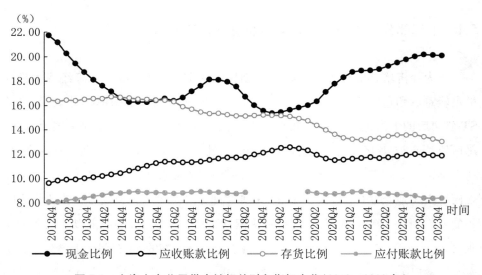

图 5.1 上海上市公司供应链相关财务指标变化(2012—2023 年)

注:为消除数据的季节性,图中的数据对原始数据进行了四个季度的移动平均。
资料来源:CSMAR 数据库。

5.1.2　上市公司运营效率的变化趋势

存货与应收账款的周转效率是企业供应链效率的重要体现,存货周转天数和应收账款周转天数可以从侧面反映企业所面临的供应链风险。如图 5.2 所示,2020 年前,上海上市公司存货周转天数和营业周期均呈下降趋势,运营效率稳步提升,2020 年后有一定反弹。从 2019 年第四季度开始,新冠疫情给商品销售和物流过程造成了显著的负面影响,存货周转天数有所回升,反弹幅度超过 2012—2019 年下降幅度的 50%。应收账款周转天数在样本期内变化不大。营业周期(存货周转天数与应收账款周转天数之和)主要受存货周转天数驱动,和存货周转天数呈现相似的变化趋势。

图 5.2　上海上市公司供应链效率指标变化(2012—2023 年)

注:为消除数据的季节性,图中的数据对原始数据进行了四个季度的移动平均。为去除极端值的影响,对原始数据进行了上下 1% 的缩尾。

资料来源:CSMAR 数据库。

5.1.3　上市公司海外收入比例变化趋势

作为中国对外开放的最大窗口和门户,上海依靠其高度集聚的产业链供应链,销售国际化程度不断深化。如图 5.3 所示,2014 年起,上海上市公司海外收入比例快速上升,由 2014 年的 14.34% 上升至 2020 年的 23.39%,年复合增长率达 8.65%。在此阶段,海外市场重要性持续增加。2021 年、2022 年、2023 年,在全国上市公司海外收入比例继续呈上升趋势的情况下,上海上市公司海外收入比例小幅下降,销售更加集中于国内市场,可能与特斯拉等外资企业来沪投资建厂、客户本地化程度上升相关。此外,上海上市公司中计算机、通信和其他电子设备制造业,以及医药制造业和汽车制造业企业占比较大,海外销售收入占比下降也可能与美国对华制裁,相关行业海外业务受阻有关。

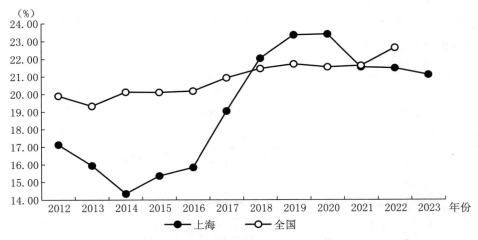

图 5.3　上海与全国上市公司海外收入比例变化趋势(2012—2023 年)
资料来源:CSMAR 数据库。

5.1.4　上市公司供应链集中度变化趋势

供应链集中度可以看作企业对供应链中大客户和大供应商的依赖程度,能够在一定程度上反映企业的供应链风险。如图 5.4 所示,2018 年起,上海上市公司的供应商集中度、客户集中度、供应链集中度均显著上升,上海上市公司对大客户、大供应商的依赖程度增加。从信息不对称角度的来看,集中度上升可以促进企业与上下

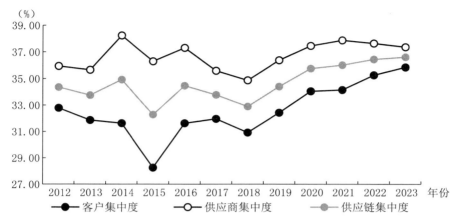

图 5.4　上海上市公司供应链集中度变化趋势(2012—2023 年)

资料来源:CSMAR 数据库。

游之间的信息沟通,增强信息共享,改善供应链可视化程度进而缓解供应链风险。但也会将风险集中于核心供应商和核心客户,增加供应链的脆弱性,若与核心供应商或核心客户之间的供应链发生中断,企业的生产经营活动会受到巨大影响。

5.1.5　制造业上市公司供应链风险变化趋势

2012 年修订的《公开发行证券的公司信息披露内容与格式准则第 2 号——年度报告的内容和格式》要求,企业在年报 MD&A(管理层讨论与分析)部分中披露未来可能发生的产品价格风险、原材料价格风险、供应风险和单一客户依赖风险。因此,本节利用上市公司年报文本对企业的供应链风险暴露进行直接测度。具体原理为:若一句话中同时出现供应链关键词和风险关键词,则认为这句话是表达供应链风险的句子。使用供应链风险句子中风险词汇占年报文本 MD&A 部分的比例来衡量企业的供应链风险。

如图 5.5 所示从供应链风险的年度变化来看,上海制造业上市公司的供应链风险变化与全国制造业上市公司的供应链风险变化呈现出相似的趋势,自 2017 年

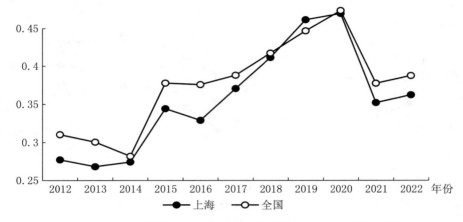

图 5.5 上海与全国制造业上市公司供应链风险年度变化 (2012—2022 年)

资料来源：作者根据上市公司年报文本自行测算。

起快速上升，在 2020 年达到最高值。2021 年，上海制造业上市公司供应链风险有较大程度的下降。2022 年上半年，上海企业的生产经营活动受到新冠疫情等外部因素影响，供应链风险有一定回升。

分行业来看，上海不同行业企业供应链风险差异较大。表 5.1 展示了 2022 年上海供应链风险最高的五个行业和供应链风险最低的五个行业，可以发现金属制品业和石油加工、炼焦及核燃料加工业等行业供应链风险较高，可能与原材料价格波动相关，需重点关注。

表 5.1 2022 年上海供应链风险前五大和后五大行业

行　业	供应链风险	行业	供应链风险
造纸及纸制品业	0.22	化学纤维制造业	0.52
其他制造业	0.24	农副食品加工业	0.55
印刷和记录媒介复制业	0.25	纺织业	0.56
酒、饮料和精制茶制造业	0.25	石油加工、炼焦及核燃料加工业	0.57
医药制造业	0.29	金属制品业	0.61

资料来源：作者根据上市公司年报文本自行测算。

如图 5.6 所示,从供应链风险变化趋势来看,重点行业供应链风险处于相对合理水平。在上海重点行业中,计算机、通信和其他电子设备制造业,以及汽车制造业的风险略高于上海平均供应链风险;而医药制造业的供应链风险显著低于上海平均供应链风险,以上三个行业的变化趋势与上海平均制造业风险的变化趋势较为一致。

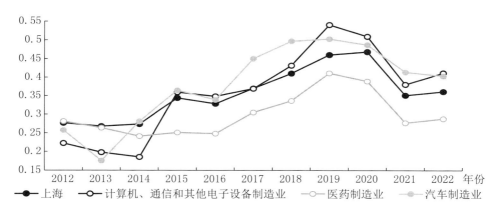

图 5.6　上海重点行业上市公司供应链风险年度变化(2012—2022 年)

资料来源:作者根据上市公司年报文本自行测算。

5.2　上海企业供应链情况分析

5.2.1　全球供应链中的地位测度

本节参考社会网络的研究,构建供应链网络①并采用点度中心性的具体算法[公式(5.1)],计算企业在全球供应链网络中的地位。

———————————

① 具体而言,将所有企业排列在矩阵的横轴与纵轴构成方阵,利用 factset 数据库中的供应链关系填充其中矩阵元素 x_{ij},i 是 j 的客户为(1, 0),i 是 j 的供应商为(0, 1)。

$$C_A(N_i) = \sum_{j=1}^{N} x_{ij}(i \neq j) \quad C_R(N_i) = \frac{C_A(N_i)}{N-1} \qquad (5.1)$$

其中，$C_A(N_i)$ 表示绝对中心度指标，绝对中心度越高，代表企业的社会关系（供应商和客户）越多，企业的供应链网络地位越重要。$C_R(N_i)$ 代表绝对中心度除以当年可能连接数得到相对中心度指标。借助公式(5.1)计算出中国以及上海企业的供应链网络绝对中心度与相对中心度。

企业的客户和供应商平均数量逐年增加，供应链地位整体呈现上升趋势。从图5.7来看，中国整体的供应链绝对中心度呈现上升趋势，表明个体企业的供应商和客户平均数量在逐年增加。为了分散整体供应链风险，企业可能选择与多个供应链伙伴合作，增加了供应链的多样性，供应链呈现多元化的趋势。上海的样本同样呈现这一趋势，且上海企业的供应链伙伴数量比全国平均水平更高。因此，上海企业需要及时适应这种变化，确保其供应链管理能够有效应对供应链的复杂性。

图5.8相对中心度的结果表明，上海供应链相对中心度在2017年前逐渐上升，随后于2018年经历回落，在2021年重新展现复苏迹象。在2017年以前，供应链的相对

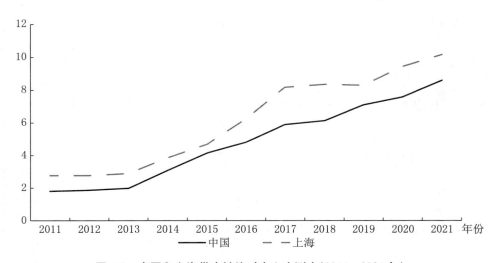

图5.7 中国和上海供应链绝对中心度测度(2011—2021年)

资料来源：作者根据 factset 数据库自行测算。

中心度呈稳步上升趋势,表明中国企业在国际供应链体系中的地位逐渐提升。然而自 2018 年起,中美贸易摩擦、新冠疫情等一系列"黑天鹅"事件爆发,导致中国供应链的相对中心度有所下降。2021 年后,新冠疫情在全球范围内得到缓解,中国经济得到复苏,刺激了生产和出口活动的增加,扭转了供应链相对中心度下降的趋势。

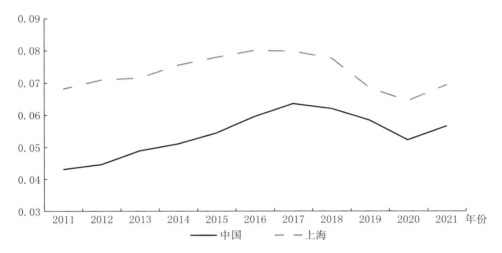

图 5.8　中国和上海供应链相对中心度测度(2011—2021 年)

资料来源:作者根据 factset 数据库自行测算。

5.2.2　主要客户、供应商来源地分析

表 5.2 和表 5.3 分别汇报了不同年份上海企业的前十大客户、供应商来源地名单,体现出主要国家份额变动小,近邻化特征初显的特征。美国、日本、韩国、欧盟始终为上海企业最大的供应链布局区域,这些地区企业在电子、半导体、汽车等上海重点行业领域拥有强大的技术实力,上海企业仍然依赖全球供应链,基本上难以实现简单替代。但是全球化的削弱与逆转使上海企业更加强调本地或地区性的供应链和市场。一方面,印度、泰国等近邻区域新兴市场的客户逐步占据较大份额,这些国家的经济增长和发展相对迅速,近邻区域的布局也帮助上海企业更容易地

适应本地市场需求和变化。另一方面,泰国、菲律宾等近邻国家的劳动力成本低廉,正在成为上海企业选择供应商的潜在青睐目标。

表 5.2　上海企业前十大客户来源地

2015 年	2018 年	2021 年
美国	美国	美国
日本	开曼群岛	开曼群岛
开曼群岛	日本	日本
德国	德国	德国
新加坡	韩国	韩国
韩国	法国	法国
瑞典	英国	中国台湾
英国	瑞典	印度
中国台湾	中国台湾	英国
中国香港	瑞士	泰国

资料来源:作者根据 factset 数据库自行测算。

表 5.3　上海企业前十大供应商来源地

2015 年	2018 年	2021 年
美国	美国	美国
日本	德国	开曼群岛
德国	日本	德国
中国香港	开曼群岛	日本
开曼群岛	中国香港	韩国
中国台湾	韩国	中国台湾
英国	法国	中国香港
法国	中国台湾	法国
韩国	菲律宾	泰国
新加坡	荷兰	菲律宾

资料来源:作者根据 factset 数据库自行测算。

5.2.3　供应链的行业特征

表 5.4 计算了不同年份上海出度中心度最高的十大行业(即根据 factset 数据

表 5.4　2015 年、2018 年、2021 年上海出度中心度最高的十大行业

2015 年		2018 年		2021 年	
行业名称	国外客户占比	行业名称	国外客户占比	行业名称	国外客户占比
电信、广播电视和卫星传输服务	22%	汽车制造业	40%	汽车制造业	38%
化学原料及化学制品制造业	73%	软件和信息技术服务业	76%	软件和信息技术服务业	69%
汽车制造业	48%	黑色金属冶炼及压延加工业	40%	计算机、通信和其他电子设备制造业	67%
计算机、通信和其他电子设备制造业	45%	化学原料及化学制品制造业	78%	电气机械及器材制造业	60%
黑色金属冶炼及压延加工业	56%	电气机械及器材制造业	67%	化学原料及化学制品制造业	54%
土木工程建筑业	36%	水上运输业	26%	黑色金属冶炼及压延加工业	24%
装卸搬运和运输代理业	67%	专用设备制造业	63%	土木工程建筑业	33%
软件和信息技术服务业	83%	计算机、通信和其他电子设备制造业	47%	航空运输业	67%
专用设备制造业	73%	食品制造业	59%	医药制造业	52%
房地产业	20%	航空运输业	87%	零售业	90%
电气机械及器材制造业	70%	房地产业	23%	食品制造业	57%

资料来源:作者根据 factset 数据库自行测算。

库统计的上市公司的客户加总到行业层面)。近年来上海的产业结构在逐步
升级和转型,上海开始加大对高附加值新兴产业的扶持力度,汽车制造业、电
子信息行业(软件和信息技术服务业,计算机、通信和其他电子设备制造业)等
新兴行业成为上海的支柱产业。而传统的化学原料及化学制品行业可能在这
个过程中减少了相对比重。其中,汽车制造业成为上海第一大行业,作为当前
中国汽车产业的重要基地,上海拥有多家国际知名汽车制造商,汽车销售以国
内市场为主;凭借在电子制造行业强大的设计生产能力,相关行业客户大多数
是国际客户。能源化工(化学原料及化学制品制造业、黑色金属冶炼及压延加
工业)受到环保和能耗限制,产业比重逐渐降低。这些趋势表明,上海正在努
力调整其产业结构,减少对资源密集型和环境敏感型行业的依赖,更加关注高
科技、高附加值和环保型行业。这是上海迈向可持续发展和结构升级的一
部分。

表 5.5 计算了不同年份上海入度中心度最高的十大行业(即根据 factset 数据
库统计的上市公司的供应商总数加总到行业层面)。除汽车制造业外的其他行
业,上海对国外供应商的依赖度普遍较高。其中,随着中国汽车产业的快速发
展,国内供应链逐渐形成和完善,推动汽车制造业提高国内零部件和技术的自给
自足程度,对国外供应商的依赖减少。软件和信息技术服务业,以及计算机、通
信和其他电子设备制造业等高科技产业需要依赖全球范围内的先进技术和创
新,因此仍然需要与更多国外供应商建立合作关系。结合表 5.4 和表 5.5 可以发
现,上海的核心产业中汽车制造业的国外客户与供应商占比均小于 50%,表明
汽车制造业以内循环为主;软件和信息技术服务业,计算机、通信和其他电子设
备制造业,以及化学原料及化学制品制造业等行业国外客户与供应商占比均大
于 50%,表明这些行业以外循环为主,随着逆全球化趋势的出现,上海相关行业
需要警惕供应链出现风险。

表 5.5 2015 年、2018 年、2021 年上海入度中心度最高的十大行业

2015 年		2018 年		2021 年	
行业名称	国外客户占比	行业名称	国外客户占比	行业名称	国外客户占比
软件和信息技术服务业	54%	软件和信息技术服务业	56%	汽车制造业	46%
汽车制造业	63%	汽车制造业	48%	软件和信息技术服务业	66%
航空运输业	85%	航空运输业	69%	化学原料及化学制品制造业	65%
批发业	49%	橡胶和塑料制品业	73%	专用设备制造业	59%
化学原料及化学制品制造业	72%	计算机、通信和其他电子设备制造业	64%	航空运输业	68%
计算机、通信和其他电子设备制造业	82%	专用设备制造业	83%	计算机、通信和其他电子设备制造业	74%
橡胶和塑料制品业	89%	黑色金属冶炼及压延加工业	48%	橡胶和塑料制品业	46%
广播、电视、电影和影视录音制作业	76%	电气机械及器材制造业	41%	电气机械及器材制造业	57%
专用设备制造业	55%	化学原料及化学制品制造业	76%	研究和试验发展	59%
土木工程建筑业	36%	批发业	68%	装卸搬运和运输代理业	59%
黑色金属冶炼及压延加工业	64%	专业技术服务业	31%	非金属矿物制品业	41%

资料来源:作者根据 factset 数据库自行测算。

第6章
上海产业链供应链发展的对策建议

6.1 产业链供应链发展的经验借鉴

6.1.1 美国：以前沿技术创新实现全球产业链的黏性

第二次世界大战之后，美国作为战胜国享受着科技红利与金融红利，使其一度成为科技、军事、经济方面的世界霸主。但是美国的制造业崛起之路并非一帆风顺。

1. 制定中长期科技战略应对重大负面冲击

每逢遭遇国际或国内重大负面冲击时，美国政府往往会制定一系列中长期科技战略计划，如曼哈顿计划、阿波罗计划、星球大战计划等（见表 6.1），使得美国在制造端和产品端实现全面创新。并且在第二次世界大战后，美国在世界各地招募了大量的工程师聚集搞技术研发，极大推动了科技创新，促使美国制造业的工业基础设施全面升级。整体来看，美国作为一个科技强国、科技大国，同时还拥有着世界上最好的大学教育资源，引领着世界实现科技突破，其所具有的先发优势使发展中国家望尘莫及。

表 6.1　二战后美国各发展阶段科技政策战略规划

时　　期	计划名称
二战后至冷战前	曼哈顿计划
冷战时期	阿波罗计划、星球大战计划
冷战结束后	人类基因组计划
冷战后期	国家纳米技术计划
"9·11"事件之后	反恐科研计划
2008 年金融危机后	"大学成果转化联合会"项目

资料来源：根据公开资料整理。

2. 石油危机下,通过财政政策提升制造业国际竞争力

20 世纪 70 年代,在两次石油危机的冲击下,美国经济发展陷入停滞状态,通货膨胀高企,经济实力下滑。在这期间西欧和日本与美国之间的差距不断缩小,甚至开始超越美国。根据世界银行数据,1971—1982 年,美国平均 GDP 增速仅为 2.73%,且有 4 年增速为负。1988 年,日本人均 GDP 甚至一度超过美国。

1970—1980 年,美国政府对国防和空间的研发费用逐年减少,美国科技研究的重点转向推动科技进步和服务社会方面,政府的财力支出投入诸如医学、环境、能源等方面。1981 年里根政府上台后,面对经济增速下降、制造业竞争力下滑的困境,美国开始积极谋求突破。在各项措施中,起到引领作用的是 1983 年美国设立总统工业竞争能力委员会。在里根政府时期,美国推出了两次大规模的减税方案,显著降低了美国制造企业的税收负担,同时加强对科研领域支持,重塑美国制造业的竞争力。

3. 工业衰退时期,推动传统工业技术改造,在全球价值链中向高端化转移

20 世纪 80 年代美国传统工业开始进入衰退期,传统产业的技术提升迫在眉睫。实现技术提升的手段主要是采用新一代信息技术革命成果,进而提升传统工业的生产效率。美国时任总统里根与国会及时采取了措施,肯定了科技创新的成果,颁布了一系列法律保护科技发展,鼓励推动科技成果的转化与应用。比如在纺织服装领域,1983 年后美国纺织服装企业积极通过引入自动化设备对生产流程进行再造,利用计算机技术进行订单管理。虽然并未完全抵消劳动力成本提高后以纺织服装企业为代表的劳动密集型企业向东亚国家及地区转移,但部分美国企业仍牢牢掌握纺织服装全球价值链的高端环节。

美国作为全球化分工体系的顶端,一方面向全球提供输出需求,同时倚靠自身的技术优势,输出制度与技术方面的标准和协议,负责全球化的全局统筹与组织。在全球产业链的设计开发、制造、流通、消费环节,设计开发的顶端基本被美国占据。因此美国获得了全球产业链中利润最大的一部分,同时也使得参与到全球化分工中的国家或地区的产业链对美国形成依赖。

6.1.2 日本、德国:深耕关键环节实现产业链布局的相互制衡

尽管二战使德国和日本全面遭受重创,但凭借战前积累的人力资本、科技支持、产业结构,加上二战后作为美军的"盟友",获得的大笔资金援助和战争订单,两国很快恢复了经济增长。然而,两国没有被动接受低端制造业的转移,而是将重点放在了发展汽车、机械、电子等高价值出口产业。

1. 日本:行政干预确定主导产业方向,深耕高附加值产业链环节

从20世纪五六十年代开始,日本价廉物美的纺织品、钢铁、彩电、汽车等工业品在美国的市场占有率不断提高。根据VN Comtrade数据库,1968年日本钢铁占美国市场份额超过50%,1976年日本彩电占美国市场份额超过30%,1980年日本汽车占美国市场份额为22%。日本产品大量出口至美国使美国本土企业受到冲击,美国国内贸易保护主义抬头,日美贸易摩擦激化。而在日美贸易谈判中日本的让步(1985年签订的《广场协议》),使日元出现明显的升值趋势,这进一步提升了日本制造的成本,导致部分日本产品在国际上的竞争力进一步降低。

在美国持续的打压之下,日本提出了"科技创新立国"的口号,产业结构调整的目标从20世纪70年代的"以加工、装配工业为中心"明确调整为"以新兴高技术产业为中心"的知识技术密集型产业结构。根据新的主导产业选择标准,70年代末日本将集成电路、电子计算机、飞机、生物技术、新能源、新材料等高科技产业作为

新的主导产业加以扶持,将低附加值环节剥离主要生产范围,具体的扶持措施有:(1)为培育中的主导产业提供税收优惠和财政金融支持。(2)建立官民合作研发体制。(3)鼓励高科技企业兼并重组,做大做强。为了在尖端技术领域尽快追赶美国,日本政府积极推动高科技企业的兼并重组,以发挥科研攻关的规模效应。(4)加强对外投资,将低附加值产业转移至劳动力更为充沛和低廉的亚洲其他国家。

即使日本半导体行业已逐渐衰落,但其仍然占据着全球高科技产业链中不可替代的重要环节。日本可以利用其独有的专利技术制衡来自他国的制裁威胁,以保障自身的产业链安全。例如 2019 年韩国和日本在半导体产业中相互制裁,由于日本仍然掌握着半导体精细化产业链中的上游产品,这一贸易制裁严重影响到了韩国,乃至全球半导体供应链产能,导致部分零部件价格大幅上涨。

2. 德国:动用国家力量支持技术密集型企业,重视中小企业创新

德国凭借其先进的工业制造业基础,坚定不移地重视制造业的创新和发展战略,使其制造业在二战后得以迅速复苏,并在国际上持续保有竞争力。但在 20 世纪七八十年代,德国面临两次石油危机引发的全球经济衰退以及美国贸易保护主义抬头的问题,也被迫签署了《广场协定》。1985—1987 年,德国马克兑美元升值约 40%,与同一时期日元兑美元升值幅度基本相同,这同样大幅削弱了德国出口产品的竞争力。

在这一时期,德国延续并强化了 20 世纪 60 年代开始的支持技术密集型产业的政策:(1)规划科研方向,并提供基础科研经费支持。(2)对于有发展前途、产业关联效应较强的技术密集型产业,德国更是动用国家力量支持企业做大做强。(3)重视中小企业的发展,成立德国工业研究协会联盟,对中小企业创新项目给予支持,促进中小企业和德国大学研发合作,为产学研合作提供公共平台。(4)加强民众教育,提升产业工人素质。

时至今日,"德国制造"已是质量上乘的标志,不少德国企业已成为家喻户晓的世界知名企业,如西门子股份公司、大众汽车集团、罗伯特·博世公司等都在全球化产业链中占据着重要地位。

6.2　提升产业链供应链韧性和安全水平的对策建议

上海产业链供应链面临着四大挑战:规则重塑导致脱链风险大,重点产业对外依赖高导致断链风险大,协同不够导致补链成本高,串链政策不畅导致稳链强链挑战大。为此,需要打好以下五张牌,形成提升上海产业链供应链韧性的基础性、长期性支撑。

6.2.1　市场双向拓展牌,增强对全球产业链供应链的渗透力和引领力

一是在安全可控的原则下进一步降低外商外资的进入门槛,构建集成电路、人工智能、生物医药、新能源汽车等新兴产业,以及未来产业发展所需的准入机制。充分利用中国积极加入《全面与进步跨太平洋伙伴关系协定》(CPTPP)、《数字经济伙伴关系协定》(DEPA)、《区域全面经济伙伴关系协定》(RCEP)等区域性贸易协定的机会,在浦东新区、中国(上海)自由贸易试验区及临港新片区、虹桥国际开放枢纽等地进行外资开放的压力测试。在中国竞争力有待提升、亟须学习外资经验的领域如电信、科研和技术服务、生物医药中人体干细胞与基因诊疗等的开放上争取国家相关部委的支持,加快推进数据跨境流动、合资企业股权比例放宽、数字知识产权保护、数字贸易相关税收、政府采购、投资者-政府争端解决机制等核心议题先行先试。

二是完善利用外资的保障措施。在金融保障上,可以通过设立外资专项产业基金的方式支持外资企业发展,积极支持符合条件的外商投资企业开展本外币全口径跨境双向融资、发债,开展经营性租赁收取外币租金业务试点,支持外商投资融资租赁公司开展外币结算业务等。在知识产权保护方面,重点保障、协调外资企业知识产权诉讼的合理开展,降低其维权成本。在土地保障上,对产业用地实行弹

性年期出让,在土地出让合同中明确续期条件,有产出强度、研发强度、利润保障以及有供应链能力的企业可继续使用该地块,并提前约定续期价格,稳定制造业外资企业经营的信心和决心。在环保保障上,加强对危废外资处置企业的统筹协调、监管,做好预审等工作提高危废品的处理能力。在信息沟通与协调方面,充分发挥上海市外资工作领导小组的协调机制,与各外商协会建立常态化的沟通机制。定期协调解决制约利用外资在沪投资的重大关键性问题。

三是引导"走出去"企业在目的国产业链薄弱环节发力,通过补短方式赢得供应链合作机会。在重要产业链上积极回应东道国利益诉求,推动品牌、供应链、人才队伍及产品开发等在目标国的本地化发展。注重与欧美企业进行纵向分工,通过与欧美本土品牌进行技术合作,融入国外市场,规避贸易风险。

6.2.2　规则引领牌,提升产业链供应链的联通性与根植性

在全球化背景下,产业链和供应链并不仅仅是技术、生产和物流的组合,还包括了大量由国际协议、行业标准、贸易法规等构成的"游戏规则"。这些规则决定了产业链和供应链的运行方式,也影响全球贸易、市场准入、技术标准、知识产权保护等诸多方面,对全球经济秩序、技术标准和国家安全有着深远影响。因此,要从被动参与者转变为引领者和制定者,在产业链供应链网络中占据更高维度。

一是在跨国议题中寻求产业链合作最大公约数,积极稳住产业链供应链韧性的大盘,形成"你中有我、我中有你"的竞合关系。例如在应对气候变化和能源转型的 ESG 领域、大宗商品供应链领域、数字跨境贸易、全球债务问题等方面,推动企业寻求合作机会。积极主动承担提升全球供应链弹性的国际责任,可以和中国国际供应链促进博览会等合作平台进行整合,每年举行全球供应链弹性峰会,以解决全球供应链瓶颈并应对长期挑战。同时,加快实施国际经济组织集聚计划,吸引更多国际标准组织技术机构和总部机构落户。支持上海高校与国际组织加强合作,形成国际组织人才培养和选派机制。

二是进一步发展"一带一路"相关项目。建议将"一带一路"相关项目更多与现

有多边合作机制如 RCEP、上合组织等结合,让区域合作伙伴发挥更重要的作用。紧扣产业链绿色化、数字化、ESG 化等转型趋势,深化"绿色一带一路""数字一带一路""科技一带一路""ESG 一带一路"等领域合作建设,提升上海产业链供应链的国际发展空间。

三是在东亚区域进一步强化 RCEP、CPTPP 等多边机制功能,特别是利用 RCEP 在中日、日韩双边贸易中的衔接作用,在集成电路、汽车等产业强化主要经济体之间的合作,进一步稳定东亚供应链,增强重点产业的链接能力与韧性。

6.2.3 制度创新牌,强化体制与制度保障

积极探索产业促进立法的实践与应用。一是强化立法部门与产业主管部门的协同,明确产业立法的领域与边界,同时加快已有产业立法的深化与政策配套。可以由产业主管部门与立法部门建立常态化工作小组,由产业主管部门提出产业立法化的需求。厘清产业立法的产业边界,建议重点将具备基础性、安全性、龙头战略性特征的产业作为产业立法的调整范畴。同时,对于新兴产业立法的重点应放在保障基础要素,如数据的流动、体制机制的突破上,特别需要对标国际高标准,在技术与产业亟须突破的关键环节进行创制性立法。同时,产业立法应确立相应的立法边界,以更好地发挥市场在经济发展中的决定性作用。

二是重点应促进技术创新,利于维护相关产业和企业的正当发展权益。产业立法的重点应该围绕技术研发进行,发挥其广泛的创新溢出效应。建议选择带有基础研究或普适性技术进行重点立法保障。例如可以借鉴美国支持的普适性技术研究,对于重点的基础性技术、技术平台的建设给予立法保障。同时,建议在产业立法过程中重点关注中小企业,特别是在应对国际制裁上利于维护相关产业和企业的正当发展权益。

三是强化产业立法与产业政策、竞争政策的衔接,增强企业的获得感。对于竞争政策中核心的公平竞争审查制度、反垄断等问题可通过立法加以进一步明确与规范,打通产业链发展的堵点,充分保障立法的政策优化效应,为政策落地提供保

障,增强企业的获得感。在立法与产业政策的协同上,在立法原则性规定的情况下,可通过产业政策的灵活性进行进一步的细化。

四是探索在低碳领域的立法工作,增强与欧美在绿色化方面的对等合作与竞争。欧盟和美国都通过立法方式保障其在绿色化的投资、基础设施建设、技术研发与创新等。建议利用浦东新区的特别立法权先行先试,将重要碳数据、能源、智能交通、新能源汽车等低碳化、绿色化领域作为立法保障方向。对标欧美高标准的绿色化法案,在低碳技术创新、数据流动、监测监管等方面重点考虑,在应对国际竞争与国际制裁上利于维护相关产业和企业的正当发展权益。

6.2.4 政策集成牌,强化产业链的政策支持

与传统产业政策相比,产业链政策更注重统筹发展与安全、注重链接过程。产业链政策转型重点应实现节点政策、链接政策的聚焦,进而提升产业链韧性与价值。

一是强化产业节点政策,加强产业链补短锻长。优先支持产业网络中节点产业和企业的发展,发挥"重点企业服务包"政策的作用,解决政策"最后一公里"难题。提高产业政策精准性形成支持合力,在关键核心领域用足各项政策,鼓励部门、央地政策联动与配套,形成政策支持的"爆点"。通过"重点企业服务包"政策针对企业不同的发展壁垒与诉求给予企业靶向性的政策支持。在突破规模经济壁垒方面,重点在政府采购、产业链协作、混合所有制改革上给予支持;在突破绝对成本壁垒方面,通过创新补贴、降低要素获取成本、便利融资等政策给予支持;在突破技术壁垒方面,通过技术专项补贴、支持研发外包与技术合作、国产替代政策等给予支持;在突破政策壁垒方面,通过降低市场准入、提高准营、建立相应督查机制等充分保障企业全生命周期的创新发展。

二是强化产业链接政策,鼓励产业链上下游合作与协同。出台产业类的链接政策,发挥链主企业的引领带动作用。鼓励整机企业牵头或参与原材料、零部件的技术攻关与验证,搭建零部件和原材料的标准与验证平台,提升上下游企业原材料

和零部件的可用性和工艺水平。鼓励链主企业牵头建立创新联合体、产业链共同体、产业研究院等公共服务平台,提高产业链的稳定性与韧性。支持链主企业提供应用场景,在验证场景上支持大企业、大平台提供技术验证场景;通过推出融合试验场景,支持大企业和科研院所联合打造中试基地和验证平台,推动重点产业加速孵化;通过发布综合推广场景,加速应用迭代与产业化。围绕重点产业,优化供需对接产业链平台发展。实施产业电商平台建设计划,加快推动产业电商集群发展。加快产业链数据平台建设,促进供需双方有效对接。提升供应链金融的"共赢链"能级,形成供应链优化升级共同体。建议围绕重点产业链优选核心企业,建立核心企业"白名单"制度,并实行名单动态管理,支持其发展"大手牵小手"的供应链金融。同时,积极争取、鼓励金融机构与重点企业联合搭建平台,为上海重点产业、新赛道产业推出专属、个性化供应链金融解决方案。提升供应链的"共赢链"水平和能级,形成产业链转型升级共同体。

三是以更符合国际通行规则的支持方式替代财政补贴等传统产业政策手段。改变传统的财政直接补贴方式,转向更符合国际通行惯例和规则的支持手段。调整补贴模式,对标世贸组织规则和欧盟规则,减少专项性补贴,强化普惠性和透明度,由补贴企业更多转向补贴需求端,在绿色、低碳、环保等允许豁免范围内进行补贴调整。完善上海重点产业合规补贴、企业审查等方面的合规建设,更好与国际标准进行对接,降低"双反"风险,做好重点产业企业出口和海外投资的合规检查工作,进一步打造市场化、法治化、国际化的一流营商环境。

6.2.5 重点产业发展牌,靶向扶持重点产业补链强链

产业链供应链中不同环节的自主可控能力等关系到供需匹配的质量与稳定性,是上海产业安全发展不可忽视的重要内容。应在系统梳理上海重点产业不同环节的代表性企业名单、技术水平、长三角区域合作企业、断链风险及进口依赖情况等信息的基础上,靶向扶持上海重点产业补链强链。

集成电路产业方面,鼓励和支持本土 EDA 软件企业开发全流程设计工具,减

少对进口高端芯片设计软件的依赖；通过政策扶持，提升高端设备和材料的国产化率，提高光刻机工艺的技术水平；通过招商引资与区域合作等方式，吸引和培育本地靶材供应商，补链强链，增强集成电路产业的竞争力。

生物医药产业方面，注重培育能够进行多产品线布局、全产业链贯穿的龙头企业；鼓励原创性药物和医疗器械的研发，减少对国外技术的依赖；降低国际专利申请时对美国、德国、法国和瑞士等发达国家合作者的依赖，提升自主创新能力；加大对 ECMO 人工肺等高端医用设备制造与研发投入的政策支持，降低进口依赖。

人工智能产业方面，尤其需要重视基础层领域的供应链安全问题，加强高端芯片与传感器等上游产品的研发力度，减少断链风险。

机器人产业方面，积极推动减速器等关键结构件的自主化生产，增强国产替代性；缩小上海伺服电机在快速响应性、功率密度、稳定性和工作精度等指标上与日欧美品牌的差距，提升国际竞争力。

航空航天产业方面，针对航空发动机、机载系统和设备、原材料和元器件等领域，加大研发投入，缩小与发达国家的技术差距；通过政策引导，构建符合适航要求的民机制造产业链体系，培育航空航天领域的高成长性创新企业，增强后期爆发性增长点。

主要参考文献

Balland，Pierre-Alexandre and David Rigby，2017，"The Geography of Complex Knowledge"，*Economic Geography*，93(1):1-23.

Bernard，Andrew B.，Andreas Moxnes and Yukiko U. Saito，2019，"Production Networks，Geography，and Firm Performance"，*Journal of Political Economy*，127 (2):639-688.

George，Ammu，et al.，2021，"From SARS to COVID-19: The Evolving Role of China-ASEAN Production Network"，*Economic Modelling*，101:105510.

Hidalgo，César A.，et al.，2007，"The Product Space Conditions the Development of Nations"，Science，317(5837):482-487.

Holling，C.S.，1973，"Resilience and Stability of Ecological Systems"，*Annual Review of Ecology and Systematics*，1-23.

Koopman，R.B.，Wang Z. and Wei S.J.，2010，"Give Credit Where Credit is Due: Tracing Value-Added in Global Production Chain"，NBER Working Papers，No.16426.

Koufteros，Xenophon，Shawnee K. Vickery and Cornelia Dröge，2012，"The Effects of Strategic Supplier Selection on Buyer Competitive Performance in Matched Domains: Does Supplier Integration Mediate the Relationships?"，*Journal of Supply Chain Management*，48(2):93-115.

干春晖、满犇:《双循环测度与国内大循环内生动力研究》,《系统工程理论与实践》2023 年第 11 期。

李维安、李勇建、石丹:《供应链治理理论研究:概念、内涵与规范性分析框架》,《南开管理评论》2016 年第 1 期。

倪红福、夏杰长:《中国区域在全球价值链中的作用及其变化》,《财贸经济》2016 年第 10 期。

石建勋、卢丹宁:《着力提升产业链供应链韧性和安全水平研究》,《财经问题研究》2023 年第 2 期。

苏庆义:《全球供应链安全与效率关系分析》,《国际政治科学》2021 年第 2 期。

陶锋、王欣然、徐扬等:《数字化转型、产业链供应链韧性与企业生产率》,《中国工业经济》2023 年第 5 期。

余典范:《持续提升我国产业链供应链韧性和安全水平》,《光明日报》2023-01-05(6)。

于肖楠、张建新:《韧性(resilience)——在压力下复原和成长的心理机制》,《心理科学进展》2005 年第 5 期。

中国社会科学院工业经济研究所课题组:《工业稳增长:国际经验、现实挑战与政策导向》,《中国工业经济》2022 年第 2 期。

图书在版编目(CIP)数据

全球产业链供应链调整趋势对上海的影响及应对研究 /
余典范等著. -- 上海 ：格致出版社 ：上海人民出版社，
2025. -- (自贸区研究系列). -- ISBN 978-7-5432
-3643-1

Ⅰ. F269.275.1

中国国家版本馆 CIP 数据核字第 2025LW9037 号

责任编辑　程　倩　王韵霏
封面设计　路　静

自贸区研究系列
全球产业链供应链调整趋势对上海的影响及应对研究
余典范 等著

出　　版　格致出版社
　　　　　上海人民出版社
　　　　　(201101　上海市闵行区号景路 159 弄 C 座)
发　　行　上海人民出版社发行中心
印　　刷　上海颛辉印刷厂有限公司
开　　本　720×1000　1/16
印　　张　11
插　　页　2
字　　数　170,000
版　　次　2025 年 1 月第 1 版
印　　次　2025 年 1 月第 1 次印刷
ISBN 978 - 7 - 5432 - 3643 - 1/F · 1612
定　　价　55.00 元